超犀利的愛情心理測驗

輕鬆生活館：26

超犀利的愛情心理測驗

編　　著　艾莉絲
出　版　者　大拓文化事業有限公司
執 行 編 輯　林于婷
美 術 編 輯　蕭若辰

總 經 銷　永續圖書有限公司
劃 撥 帳 號　18669219
地　　址　22103 新北市汐止區大同路三段一九四號九樓之一
　　　　　TEL　(〇二)八六四七─二六六三
　　　　　FAX　(〇二)八六四七─二六六〇
　　　　　E-mail　yungjiuh@ms45.hinet.net
　　　　　網　址　www.foreverbooks.com.tw

法 律 顧 問　方圓法律事務所　涂成樞律師

CVS代理　美璟文化有限公司
　　　　　TEL　(〇二)二七二三─九九六八
　　　　　FAX　(〇二)二七二三─九六六八

出　版　日　◇　二〇一四年十月
Printed in Taiwan, 2014 All Rights Reserved
版權所有，任何形式之翻印，均屬侵權行為

大拓　Talent Tool　｜　永續圖書 線上購物網
www.foreverbooks.com.tw

國家圖書館出版品預行編目資料

超犀利的愛情心理測驗 / 艾莉絲編著. -- 初版.
　　-- 新北市：大拓文化，民103.10
　　面；　公分. --(輕鬆生活館；26)
　　　ISBN 978-986-5886-86-8(平裝)
　　　　　1.心理測驗
179.1　　　　　　　　　　103018098

目 錄
CONTENTS

妳 瞭解自己的個性嗎

如果剛剛蓋好一座別墅，讓妳來給它設計一個柵欄，妳會怎麼設計？

A·選擇木柵欄

B·用磚圍起來

C·選擇鐵柵欄

D·用各種花花草草來代替柵欄

測 驗 結 果

選擇A

妳是一個愛恨分明的人。妳的情感容易兩極化，對於妳願意交往的人，總是會熱情相待，但是對於妳不太喜歡的人，妳就會冷眼相對，愛理不理。所以，有的時候，那些不瞭解妳的人，常常會對妳產生一些誤會，認為妳是一個不好接近的人。在愛情方面，妳願意為妳心愛的人做一切事情，希望兩人有一段轟轟烈烈的愛情。

選擇B

妳是一個孤傲的人。妳常常會孤芳自賞，而且有一種不服輸的勁頭，因此，很多事情的主動權都掌握在妳的手中。在生活上，妳是一個很重視自己私生活的人，不喜歡別人來打擾自己。

選擇C

妳是一個活潑開朗的人。妳熱情大方，能夠與任何人輕鬆交往，擁有很多好朋友，在社交中能夠應付自如。另外，妳性格隨和，雖然一直充當爛好人的角色，但有時候也會招來一些不必要的麻煩。

選擇D

妳是一個沉默寡言的人。妳的個性比較消極，不愛說話，交際面雖然比較狹窄，但妳總能交到知心朋友，而且，妳十分重視與家人和朋友的感情，屬於保守類型的人。也許是因為妳的保守，使妳對異性不是很尊重，有時候態度會很僵硬。

妳 是個性格保守的女人嗎

假如公司要製作一個宣傳版面，很多公司都想承攬下這個業務，老闆把這件事情交給妳全權負責。第二天上午，妳就收到一個沒有寄件人地址的信封，直覺告訴妳一定是某家公司寄來的。接下來，妳會怎麼做？

A · 打開再說，看看是什麼東西

B · 請示上級

C · 查查是誰寄來的，然後用同樣的方式再把它寄回去

測 驗 結 果

選擇A

在妳的觀念裡，妳認為成功是男人應該追求的事情，因此妳並不熱衷，事業的成就對妳來說也不是最大的誘惑。因此，妳工作起來不會很賣力，也不可能成為工作狂，但是，分內的工作妳會完成得很好。

選擇B

妳有很強的依賴心理，同時，妳不喜歡承擔責任。因為不想承擔責任，因此妳拒絕長大，在妳的潛意識當中，妳認為成功就必須為工作負責。其實，妳不妨冒險跟自己的事業作一番賭注，也許妳會收到意想不到的效果。

選擇C

妳是一個個性十分保守的女人。妳從來不會做出一些不符合規定的事情。也許和妳小時候的家教有關，因為妳的父母對妳的管教嚴格，妳從來不敢破壞規矩。因此，像妳這樣的女人絕對不會在事業上有所成就，因為妳不懂得創新，也不敢去冒險，而且潛意識裡，妳害怕失敗。建議妳在調整自我的時候不要突然冒進，慢慢地發生轉變，或許妳會取得事業上的成功。

妳 性格的弱點在哪裡

1. 妳是否嘗試過自己編輯一些搞笑或煽情的簡訊？

A‧是的。前進到第2題

B‧沒有。前進到第3題

2. 當妳收到一些搞笑或是煽情的簡訊時，一般會怎樣？

A‧一笑置之。前進到第4題

B‧覺得很無聊，隨手刪掉。前進到第5題

C‧覺得有意思的話會轉發給其他人。前進到第3題

3. 妳認為發簡訊與當面表達相比如何？

A‧更加含蓄、浪漫。前進到第6題

B‧缺乏勇氣的表現。前進到第4題

4. 發簡訊時妳經常會用哪些語詞來表達肯定意味呢？

A‧哦、噢。前進到第5題

B‧嗯、啊。前進到第6題

5. 睡覺之前，妳喜歡怎樣發簡訊？

A‧躺在床上發簡訊。前進到第6題

B‧發完簡訊再上床睡覺。前進到第7題

6. 和朋友簡訊聊天，妳習慣說再見等類似的結束語嗎？

A‧不是。前進到第7題

B‧是的。前進到第8題

7. 看過簡訊妳是不是隨手刪掉？

A‧不是。前進到第8題

B‧是的。前進到第9題

8. 發簡訊時，妳通常怎麼拿手機？

A‧一隻手同時抓著手機和按鍵。前進到第9題

B‧兩手同時抓著手機和按鍵。前進到第10題

C‧一隻手抓住手機，另一隻手按鍵。前進到第11題

9. 感到很無聊時，妳喜歡透過打電話還是發簡訊向朋友傾訴？

A‧打電話。前進到第10題

B‧發簡訊。前進到第11題

10. 妳是不是在簡訊發到一半時覺得比較麻煩，會放棄發簡訊而打電話？

A‧是的。前進到第11題

B‧很少如此。前進到第12題

11. 如果有陌生人發簡訊跟妳聊天，妳會怎樣？

A‧打電話詢問他是誰。前進到第12題

B‧發簡訊詢問他是誰。前進到第13題

C‧先聊天再說。前進到第14題

12. 收到一些發錯的簡訊時，妳會怎樣？

A‧置之不理。A型

B‧會回覆告知發錯了。前進到第14題

13. 妳的簡訊鈴聲是？

A‧手機預設的。前進到第12題

B‧自己下載的。B型

14. 沒事的時候妳喜歡翻看以前發過或收到的簡訊嗎？

A‧是的。C型

B‧不是。D型

測 驗 結 果

A型

　　妳性格中的弱點是很難控制自己的情緒。一般來講，當妳心情好的時候，妳覺得世界上的一切都是好的，而心情不好的時候，妳覺得所有的一切都在和妳作對。正是因為妳很難控制自己的情緒，因而常常會得罪一些人。建議妳多站在別人的角度想一想，「己所不欲，勿施於人」，換個角度，可能會好一點。

B型

　　妳性格中的弱點是對情感太過執著。對於已經失去的情感，妳很難做到放棄，因為在情感上妳不肯承認這個事實。因此，妳會一味地沉浸在失去的痛苦之中，甚至會把這種痛苦轉化為報復。其實，愛情並不是人生的全部，當愛已不在，倒不如瀟灑地放手，給自己一條生路。

C型

　　妳性格中最大的弱點就是優柔寡斷、瞻前顧後。雖說三思而後行，但是思慮過多往往會錯過成功的最佳時機。其

實，妳對自己是很有信心的，只是目標很模糊，不知道應該做些什麼，建議妳好好爲自己的將來做打算。

D型

妳性格中最大的弱點就是半途而廢。妳的人生到現在爲止，幾乎沒有幾件事是善始善終的。不可否認，妳對任何事情都有足夠的熱情，但是這種熱情只能持續很短的時間，在事情進行到一半時，因爲索然無味，可能會選擇放棄。與人交往也是如此，往往是善始不能善終。

其實，堅持到底是一種責任心的表現，一個對事情不負責任的人，最終會一事無成。

看　口紅，識個性

　　在這個世界上，每天至少有一半的女性都在使用口紅。
在她們的意識裡，不塗口紅，就如同是沒穿衣服一樣，是沒
有辦法出門見人的。口紅在使用一段時間後其形狀會發生變
化，而這一變化又能夠反映出使用口紅者的性格特點。

A·光頭形

B·內凹形

C·一邊形

D·淺盤形

E·半圓形

測　驗　結　果

選擇A

　　使用過的口紅呈光頭狀說明口紅的女主人是一個精力充
沛、辦事幹練、堅毅果斷的女人。在與人交往中，這種女性
極富幽默感，但是內心細膩、敏感、認真。這種女人在生活
中喜歡助人爲樂，深受人們的歡迎，因此有很多朋友。

選擇B

口紅呈內凹形，說明使用這種口紅的女性多才多藝，愛好廣泛，做人辦事非常感性，以致於有一點不順心的事情就會向周圍的人大發脾氣，同時這類型的女人缺乏果斷性。

選擇C

使用口紅抹掉一邊剩下另一邊的女性在人際交往中喜歡搬弄是非，愛耍小伎倆。但是這類女性對人對事極為熱情，喜歡體驗和嘗試新的事物。

選擇D

使用口紅形狀越扁平的女人在生活中越富有浪漫色彩，而且她在生活中極富理智，值得信賴，因此周圍也有很多朋友。另外，這種女性的記憶力十分驚人。

選擇E

口紅使用成半圓形的女性知道自己在生活中需要什麼，為了達到這種目的自己應該做些什麼。這種類型的女性富有審美情趣，品味極高，外表可能會給人一種孤僻冷漠的感覺，其實內心不乏善良和溫柔，但她絕不肯吃虧。

「 剪刀、石頭、布」
看妳的性格

　　生活中，妳是不是經常會與朋友透過「剪刀、石頭、布」的遊戲來決定一些事情。那麼在出「剪刀、石頭、布」的時候，妳習慣先出哪一個？

A · 剪刀
B · 石頭
C · 布

測　驗　結　果

選擇A

　　習慣先出「剪刀」的人獨立性與忍耐力很強，他們常常能夠正確地區分事情的對與錯，是與非。做事之前往往是三思而後行，而且絕不會輕易放棄自己的思想和觀點。做事的時候忍耐力特別強，遇到再大的困難也能堅持到底，直到獲取最後的成功。

選擇B

　　習慣先出「石頭」的人協助能力和適應能力都比較強，而且在人際交往中爲人真摯而誠實，能夠與身邊的人保持圓滿而友善的關係。同時樂於助人，但是對於超過自己所能及的事情會適當地表示拒絕。

選擇C

　　習慣先出「布」的人生活中往往能夠保持一種樂觀的心境，很少會去費神費力地思考一些事情，但是喜歡參加各種活動，人際交往廣泛，對成功有很大的慾望。我們知道，出「布」的時候人的手指是分開的，象徵這個人具有持久性，且性格活潑，受人注目。

妳 的性格是什麼顏色

假如妳和朋友去山洞中探險，沒想到在一個最危險的地方，有幾個人走丟了，妳十分害怕。這時，妳面前出現了一位女神，她說：「妳可以從我手裡隨便拿一樣魔法物品，它會幫妳逃離危險。」妳會選擇拿什麼呢？

A · 銅鏡　　　　　E · 哨子

B · 金蘋果　　　　F · 南瓜花

C · 山楂　　　　　G · 水晶石

D · 樹種

測　驗　結　果

選擇A

妳性格的顏色是白色，性格內斂而自省。妳是一個純淨、單純的女孩子，懂得忍受痛苦、顧全大局，而且善於隱藏自己的才華和優點，在妳看來，這些才華和優點是一種負

擔。另外，妳是一個善解人意的女子，能夠用客觀、理性的態度來看待各種事情，深受家人、朋友的喜愛。

選擇B

妳性格的顏色是黃色。妳性格開朗、活潑，善於製造歡笑與眼淚，總是會在適當的時候讓眾人拋開煩惱、展露笑靨。但是歡笑的背後，妳身上潛藏著一種不安成分，被眾人認為是狡辯高手。

選擇C

妳性格的顏色是紅色，是敢愛敢恨略帶點強勢作風的女子。活潑可愛的妳天牛具有熱情洋溢的個性，喜歡充當主導性的靈魂人物。但是妳喜歡衝動，情緒喜怒無常，對於自己不喜歡的人或者事物，有很強的攻擊性，而且妳對物質、金錢和愛情有著強烈的渴望與需求。

選擇D

妳性格的顏色是綠色，是那種只知道付出不知道索取的女人。在與人交往的過程中，妳慷慨大方、樂於助人，但是妳的控制慾非常強，渴望自由自在的生活方式。此外，妳喜歡用照顧他人的方式來接近自己喜歡的對象。

選擇E

妳性格的顏色是藍色，屬於性格內斂但處事圓滑的女子。在人際交往中，妳總是過度壓抑自己的想法，但這並不妨礙妳待人處世。另外，為了達到自己的目標，妳常拚命壓抑自己的情緒，讓別人捉摸不透妳究竟在想些什麼。外表看似堅強的妳，其實藏有一顆脆弱的心。

選擇F

妳性格的顏色是橘色，思維敏捷，心思細密。一般來講，妳的直覺比較準，但總是徘徊在自我喜悅和自己製造的驚恐之中，妳對於感官上的享受及刺激總是比其他類型的人要求得多。但同時妳往往能夠表達出自己最真實的想法，因此具有藝術家和發明家的天賦。

選擇G

妳性格的顏色是紫色，這種類型的女子容易落入情緒的無間地帶。紫色在某種程度上代表著敏感，對各種稀奇古怪的現象特別感興趣，因此這樣的女子有逃避現實的傾向。同時，愛情是這類女子生命中不可或缺的一部分，她們往往會幻想自己是完美愛情故事中的女主角，因此當回到現實的時候，她們的情緒就會處於低落狀態。

暮 色蒼茫看性情

傍晚的時候，妳獨自一個人外出散步，在一堆廢墟之上，妳發現了一棟老屋。這時，妳不由自主地走了進去，站在小屋狹小的窗戶前，妳突然被外面的某種景物吸引住了。請問會是什麼呢？

A・將要下山的夕陽
B・不遠處的人家冒出的裊裊青煙
C・在晚霞滿天的天空中飛過的小鳥

測 驗 結 果

選擇A

妳屬於安靜祥和的女子。通常來說，像妳這樣的女子喜歡逍遙自在的生活，對人生的態度十分樂觀，但是在行動上比較慢，甚至有可能會養成懶惰的壞習慣。另外，因為懶惰，妳的生活顯得很空虛，常常會覺得時間過得比較慢。建議妳多找一些有意義的事情來做，這樣方能達到人生平衡。

選擇B

妳屬於心理不安定的女孩子。一般來講，妳做事情容易衝動，情緒起伏不定，心理變化劇烈；不過對於妳喜歡的事情，妳會充滿熱情，一旦興趣減退，便會覺得度日如年。建議妳在做事情之前認真考慮一下自己是否真的喜歡、適合這項工作。

選擇C

妳屬於生氣蓬勃的女子。妳待人處世十分熱情，對自己的人生能夠進行合理的規劃，因此生活會緊張而忙碌，在工作、學習、生活等方面，往往也能夠取得不錯的成就。建議妳在生活中不要把所有的時間都花費在學習和工作上，可以忙裡偷閒放鬆一下心情，這樣生活會變得更有意義。

乘 公車測性格

仔細回想一下，當妳一個人坐公車的時候，常常會表現出哪些小動作？

A · 聽音樂

B · 看隨身攜帶的報紙

C · 看窗外的景色

D · 睡覺

測 驗 結 果

選擇A

在別人的眼裡，妳是一個不容易接近的女孩子，常被別人稱為冰山美人。其實妳是一個外表冷漠內心熱情的女孩子，經常和妳在一起的朋友都知道，長久地相處之後，妳便會爆發出妳活潑、熱情的一面。

選擇B

妳恪守「沉默是金」的箴言，給人留下的印象總是很安
靜，因此常常會被其他人所忽視。但是和知心的朋友在一起
時，妳的話就會顯得特別多，表現出非常活躍的架勢。

選擇C

妳是典型的「萬金油」式的女孩子，不管和什麼樣的人
交往，妳都能夠應付自如，所以妳的生活中也就有很多應付
性質的朋友，在這些朋友面前，妳通常會隱藏自己的心事。
所以，有時候即使交往了很久的朋友，也不知道妳到底在想
些什麼？

選擇D

在朋友的眼中，妳是那種率真坦誠、活潑開朗的女孩
子，但只有妳自己知道，這些都只是妳外在的表現而已。另
外，妳很會掩飾自己的情緒，即使自己不高興，在朋友面前
也會顯示出妳快樂的面孔。

妳 有多少大小姐脾氣

1. 和朋友約會妳經常會遲到嗎？

A‧從來不會。前進到第2題

B‧家常便飯。前進到第3題

2. 妳喜歡文科還是理科？

A‧文科。前進到第4題

B‧理科。前進到第5題

3. 妳比較喜歡吃蛋糕還是餅乾？

A‧蛋糕。前進到第6題

B‧餅乾。前進到第7題

4. 妳喜歡早晨還是傍晚？

A‧早晨。前進到第8題

B‧傍晚。前進到第9題

5. 妳是不是最討厭別人用命令的語氣和妳說話？

A‧是。前進到第9題

B‧無所謂。前進到第11題

6. 朋友的生日快到了，妳準備送什麼禮物？

A‧鮮花。前進到第9題

B‧髮夾。前進到第10題

7. 旅行時一定會帶？

A‧藥。前進到第10題

B‧零食。前進到第11題

8. 妳的知心朋友是不是不止3個？

A‧是。前進到第12題

B‧不是。前進到第14題

9. 妳是否認為女人必須學會做家務？

A‧是。前進到第12題

B‧不是。前進到第13題

10. 覺得自己跟異性朋友還是同性朋友比較合得來？

A‧異性。前進到第13題

B‧同性。前進到第15題

11. 當妳看到自己喜歡的男孩子在打電話，妳心裡可能在想？

A‧一定是在跟他喜歡的女孩子打電話。前進到第14題

B‧可能給家裡打電話。前進到第15題

12. 妳常常會把自己的心情寫到臉上嗎？

A‧會。B型

B‧不會。A型

13. 跟朋友去約會，通常妳會選擇去哪裡？

A‧公園。A型

B‧遊樂場。C型

14. 如果突然中大獎了，妳會？

A‧把錢存起來。B型

B‧買一些自己喜歡的物品。D型

15. 妳在家中是獨生女嗎？

A‧是的。D型

B‧不是。C型

測 驗 結 果

A型

在人際交往中，不論對誰妳都很友善，能夠設身處地為他人著想，在一旁默默付出。如果要說小姐脾氣，妳也是那種有教養的小姐，有禮貌知分寸，不會無理取鬧，但妳是個非常有主見的女孩子，只要妳自己認可的事情，就絕對沒有人可以阻止妳。

B型

人際交往中，妳不但沒有大小姐脾氣，而且母性很強，常會操心很多事情，會照顧身邊所有的人。但是因為妳太過能幹，反而會讓妳身邊的人對妳敬而遠之。建議妳做什麼事情不要太過主動，偶爾發一下大小姐脾氣，顯示自己脆弱的一面，是十分必要的。

C型

　　妳是一個情緒化的大小姐，身邊的人根本猜不透妳什麼時候會發妳的大小姐脾氣。因爲妳的心情就如同是六月的天氣，難以捉摸，而且妳做什麼事情都是依心情而定，因此很容易樹敵。

D型

　　妳渴望得到身邊人的保護和寵愛，也很會撒嬌，是個標準的小女人。正是因爲這點，妳很受異性的青睞，但是容易遭到同性的排斥。所以，妳的大小姐脾氣只對異性有用，在同性面前反而會引起她們的反感，應該稍微克制一下。

妳　善於說謊嗎

妳結婚的時候，一位關係不錯的朋友包了2600元紅包給妳，下個週末就是他的婚禮，妳會包多少錢的紅包呢？

A‧同樣2600元
B‧3000元
C‧2600至3000元之間
D‧3000元以上

測　驗　結　果

選擇A

除非有必要，否則妳不會說謊。很多時候，妳需要說一些善意的謊言來幫助他人減輕一些痛苦，這個時候，妳可能會裝得比較自然，但是內心卻非常緊張。如果沒有什麼特殊原因，妳絕對說不出謊言來。

選擇B

　　妳是那種做事情大剌剌的女孩子，有時會隨口說出一些謊言，但是又會在不經意間自己拆穿。因此，在這方面妳一定要小心哦！

選擇C

　　一般來講，妳不願意說謊，但是一旦說起謊來，就像真的一樣，臉不紅，氣不喘，也不會去管別人怎麼想。

選擇D

　　妳是很有說謊潛質的女孩子，在這方面甚至已經達到了爐火純青的地步，但是妳不屑於說一些無關痛癢的小謊，往往傾向只說大謊。

在 朋友眼中
妳是個怎樣的女人

妳約朋友來家中聚餐，結果朋友走後妳發現她把一些東西忘在了妳的家裡，此時妳會怎麼辦？

A・立即送去給朋友

B・約她在某個地方見面，然後交給她

C・託人帶給她

D・暫時先放在家裡，以後有機會再說

測 驗 結 果

選擇A

妳是一個有大膽與冷靜兩種特性的人。不管在任何時候，妳都會以整體的利益為重，絕對不會被眼前的小利所誘惑。建議妳偶爾也考慮一下自己，畢竟每個人都是為自己活的，太大公無私了，自己會受很多委屈。

選擇B

妳是一個對任何事情都很積極的女孩子。在朋友們的眼裡，妳很聰明，頭腦很靈光，對工作也能獨當一面，自主性很強。但是妳自身存在一個小小的缺點，就是妳對自己太過自信。

選擇C

妳天生是一個樂觀開朗的女孩子，喜歡盡自己最大的能力來幫助他人，有時候即使自己能力難以達到，妳也不會拒絕他人的求助。建議妳學會說「不」，這樣就會給自己減少很多不必要的負擔。

選擇D

在朋友們的眼裡，妳是一個認真謹慎的女孩子。凡事三思而後行，絕對不會魯莽行事，而且有著強烈的責任感。妳應該已經意識到，因為責任感太強，給妳的生活造成了很大的壓力。

妳 是善解人意的女人嗎

朋友遇到了一些不高興的事情，於是約妳出來想向妳傾訴，面對心灰意冷、無精打采的她，妳會說些什麼話呢？

1. 失去自信

朋友告訴妳說：「這次我本來對最佳設計獎充滿信心，結果評審們說我缺乏設計方面的天賦，以後我再也不玩設計了。」這時妳會說？

A・放棄也好，還有很多適合妳走的路

B・妳千萬不要自暴自棄，相信妳肯定會有出人頭地的一天

C・知道嗎？有時候過度自信反而會害了妳

2. 情緒低落

朋友說：「不知道什麼原因，這段時間我總是情緒低落……」此時妳會說？

A・每人都有情緒週期，這種情況很正常的

B・最好能夠多運動一下，它能夠緩解抑鬱的情緒

C・別這個樣子，打起精神來

3. 滿腹牢騷

朋友告訴妳說：「我最近都快要忙死了，天天加班到深夜，好久都沒有休假了，最後還只領那麼點薪水……我簡直要崩潰了！」這時妳會說？

A · 我知道妳很喜歡這份工作，等忙過這段時間就好了

B · 妳學著自己給自己放假啊，另外，應該多吃點補品

C · 發牢騷不能解決任何問題，辭職算了

4. 自暴自棄

朋友說：「妳說為什麼我總是這麼倒楣啊！我再也不敢相信愛情了，我決定和他分手。」這時妳會說？

A · 他那麼做肯定也有他的苦衷，妳不要這麼生氣了

B · 再鬧下去對誰都沒有好處，妳自己想清楚啊

C · 妳和我比起來就會覺得自己是幸福的了

5. 自我嫌棄

朋友說：「我覺得自己簡直是一無是處，剛才不小心又傷害了同事，我真的是無心的啊！妳說我怎麼就這麼笨呢？」這時妳會說？

A · 別太在意剛才說過的話了，他們不會多心的

B · 妳只是說話不小心而已，不要太在意了

C · 我也經常說話口無遮攔的

測 驗 結 果

　　以上各題，選A得3分，選B得1分，選C得0分。計算妳的總得分。

0～3分

　　在善解人意方面，妳還有所欠缺，認真考慮一下，妳的人際關係是否不太好呢？

　　原因可能是妳有以下特點其中一種或者幾種：固執、表面化、沒有責任感、感情用事等，問一下自己在哪方面存在問題，趕快糾正吧！

4～10分

　　妳是那種非常理性的女孩子。雖然有時候能夠體會到對方的心情，但不善於表達，不過妳態度誠懇，爲人和藹可親，所以朋友還是能夠感受到妳傳遞的力量。

　　如果妳畫蛇添足地想要表明自己的意思，反而會使妳的真誠褪色。

11～15分

　　妳是非常感性的女孩子，在與別人交往的過程中過分誠懇，可能因為感受力比較強，妳總是投入極大的感情，甚至會給對方造成負擔。妳最大的弱點在於妳過度受對方情緒的感染，以致於失去自己的本色。

妳 會「說話」嗎

1. 當妳不是眾人討論的焦點人物時，妳是不是會不自覺地分神？

A・會

B・有時會

C・從來不會

2. 當別人與妳談論和妳關係不太大的事情時，妳是否覺得很難聚精會神地聽下去？

A・會

B・有時會

C・從來不會

3. 一個剛剛認識不久的朋友向妳講他的戀愛史，並期待妳的回應，妳會？

A・極不情願

B・無動於衷

C・很樂意傾聽，必要時還會給以指導

4. 妳是否想過自己需要一段時間思考一下走過的路？

A‧是的

B‧有時會想

C‧從來沒有想過

5. 傾吐自己的心事時，妳是否只信賴自己相處多年的好友，其他人很難讓妳放鬆警覺？

A‧是的

B‧有時是

C‧不是

6. 妳最容易和哪些人相處？

A‧各式各樣的人

B‧已經瞭解的人

C‧相處很久的人

7. 妳是否很少向別人傾訴自己的感受，因為妳覺得即使妳說了別人也不會瞭解？

A‧是的

B‧有時是

C‧不是

8. 妳是否認為輕易流露自己感情的人是沒有內涵的？

A‧是的

B‧有時是

C‧不是

9. 朋友聚會，當氣氛達到高潮時妳是否覺得自己有很強的失落感？

A‧是的

B‧有時是

C‧不是

測　驗　結　果

　　以上各題，選A得1分，選B得2分，選C得3分。計算妳的總得分。

9～14分

　　妳是一個很會說話的女人。妳簡直就是社交高手，不管在何種場合，妳都能夠營造一種輕鬆和諧的氛圍，讓同伴們不由自主地加入到討論當中。像妳這樣知道什麼時候該說什麼話的人，是很受同伴們喜歡的。

15～21分

從外表來看，妳比較冷淡，其實妳外冷內熱，交談也是妳的強項。一般來講，跟不太熟識的朋友在一起，妳多會保持沉默，但跟熟悉的朋友在一塊，妳是其中的活躍份子。

22～27分

妳不太會說話，通常在迫不得已的時候妳才會與別人交流。遇到與妳志同道合、相見恨晚的朋友，妳通常不會用語言的形式來與他建立友誼。除非有人主動走進妳的內心世界，否則妳總是一個人處於孤獨的個人世界裡。像妳這樣的人都有一些自閉傾向。

妳　交際的弱點在哪裡

妳在學校渡過的時間裡，特別是那段心理上極度叛逆的時期，妳覺得老師身上最不能讓妳忍受的是什麼？

A‧情緒不穩，易「歇斯底里」，對學生實行精神壓迫
B‧專制，不聽取學生的意見
C‧不公平，偏袒所謂的好學生
D‧對學生使用暴力

測　驗　結　果

選擇A

　　這個選擇其實就是自我缺陷的自然暴露。一旦遇到什麼不如意的事情就會「歇斯底里」，情緒極不穩定。妳的這種表現方式很容易引起別人的情緒疲勞，為了使人際關係更加融洽，建議妳注意克制自己的情緒。

選擇B

妳是那種頗具領導力的女人，在工作中往往起著決定性的作用。但是妳需要有多吸取一些周圍人意見的謙虛態度，否則，最終有可能誰也不會再順從妳。妳的缺點就是很少聽取他人的意見和建議。

選擇C

妳有一些心理恐慌症的表現。一般來講，妳的交際範圍容易往縱向深入，很難橫向擴展，對於自己討厭的人，妳往往將他們徹底排除在妳的社交圈外，只願意與某一些特定的人建立更好的關係。建議妳擴大交際圈，這樣會得到來自各方面的幫助。

選擇D

妳可能是那種動作、語言很粗暴的野蠻女孩子。交往的過程中，因為一點不如意就出手或出口傷人。建議妳一定要注意控制自己的情緒，否則妳會很容易和不瞭解妳的人發生激烈的衝突。

妳　有社交恐懼症嗎

　　有很多女人在與人交往時會感到緊張，甚至心存恐懼。其實她們不是不好意思，也不是害羞，是因為她們可能患有社交恐懼症。想知道妳是否有社交恐懼症嗎？來做下面的測試吧！以下各題都有四個答案可以選擇，分別是：

A · 從不或很少如此　　C · 經常如此

B · 有時如此　　　　　D · 總是如此

1. 我怕在重要人物面前講話。
2. 在人面前臉紅我很難受。
3. 聚會及一些社交活動讓我害怕。
4. 我常迴避和我不認識的人進行交談。
5. 讓別人議論是我不願意的事情。
6. 我迴避任何以我為中心的事情。
7. 我害怕當眾講話。
8. 我不能在別人注目下做事。
9. 看見陌生人我就不由自主地發抖、心慌。
10. 我夢見和別人交談時出醜的窘樣。

測 驗 結 果

根據妳的情況對每道題選出相應的答案，選A得1分，選B得2分，選C得3分，選D得4分，計算妳的總得分。

10～15分

妳大可放心，妳沒患社交恐懼症，因此也不必大驚小怪地擔心社交恐懼症會影響妳的生活。

16～24分

已有了輕度症狀，照此發展下去可能會不妙。建議妳在平時的人際交往中，多調節一下自己的精神狀態。

25～35分

妳已經處在社交恐懼症中度患者的邊緣，如有時間一定要到醫院求助精神科醫生。

36～40分

很不幸妳已經是一名嚴重的社交恐懼症患者了，快去求助精神科醫生，他會幫妳擺脫困境的。

妳 是否容易得罪人

如果妳抱著朋友剛送的精美玻璃製品上了公車，這時一個急著上車的人把妳的東西撞碎了，而這個人竟然是妳以前的鄰居。這時妳會：

A·不管他是誰，大發雷霆，把對方罵得狗血淋頭

B·算了！自認倒楣，只能氣在心裡

C·要求對方照價賠償

D·安慰他說沒事

測 驗 結 果

選擇A

妳總是認為朋友只是暫時的關係，而真正能給妳安全感的是摸得到、看得到的財富或物質。在妳的觀念中，妳心愛的東西會比朋友重要。所以，妳的朋友到最終都會成為妳的敵人。如果妳的觀念不改，妳的敵人會愈來愈多。

選擇B

妳在處理人際關係的心態上，有點委曲求全，可能是妳怕和別人形成敵對的狀態，而這種敵對狀態會給妳帶來很大的心理壓力和精神負擔，所以妳沒有信心去處理這些關係。建議妳不要過分壓抑自己，否則會漸漸地脫離人群。

選擇C

妳覺得妳和所有的朋友都是處於對等狀態，沒有誰該怕誰，誰該讓誰的說法。因此，妳的態度很客觀，也很中立。妳這樣的處理方式，多數人可以接受。但遇到一些自我意識較強烈的人，就會認為妳不講人情，因而得罪對方。

選擇D

妳很尊重對方的自尊和價值，讓對方感受到他自己是一個很受重視的人。因此，他除了感謝之外，還會以對等的態度回報妳，將妳當成最好的朋友。就是因為妳如此重視朋友，給朋友面子，所以妳的人際關係是很圓滿的。

妳　是一個容易自卑的女人嗎

　　知己知彼，百戰百勝。妳若有興趣知道自己是否心存自卑感，就請認真完成1～14題。憑第一感覺選擇一個最適合妳的答案。

1. 妳是否想過多年後會有什麼使自己極為不安的事情？

A·經常想

B·沒想過

C·偶爾想

2. 早晨起床後，妳照鏡子時的第一個念頭是什麼？

A·再漂亮點就好了

B·想精心打扮一下

C·別無他想，毫不在意

3. 看到妳最近拍攝的照片，妳有何想法？

A·不理想

B·還算可以

C·拍得很好

4. 如果有來生，在性別上妳會做何選擇？

A・做女的已經受夠了，還是做男人好

B・什麼都行，男女都一樣

C・仍然做個女人

5. 妳的身高與周圍的人相比如何？

A・比較低

B・很高

C・差不多

6. 妳受周圍同事的歡迎和愛戴嗎？

A・受歡迎和愛戴

B・不太清楚

C・不受歡迎和愛戴

7. 妳經常被朋友或同事取各種綽號嗎？

A・常有

B・偶爾有

C・有

8. 當妳還是學生時，老師批過的考卷發下來了，同學們
要看怎麼辦？

A‧把考卷藏起來

B‧把打分數的地方折起來後讓他們看

C‧讓他們去看

9. 挨老闆多次訓斥後，有過「自己反正沒前途了」的想
法嗎？

A‧常有

B‧偶爾有

C‧沒有

10. 妳有過在某件事情上有著不亞於他人的自信嗎？

A‧從來沒有

B‧沒想過也不介意

C‧有一兩次

11. 寂寞時或碰到討厭之事時怎麼辦？

A‧陷入煩惱中

B‧向朋友和父母訴說

C‧吃喝玩樂一番後就忘記了

12. 被同事叫「不知趣的人」或「蠢東西」時，妳怎麼辦？

A·心裡感到不好受而流淚

B·我也回敬他：「蠢貨！沒教養！」

C·不在乎

13. 如果碰巧聽到朋友正在說妳所尊敬的人的壞話，妳會怎麼辦？

A·擔心會不會是那樣

B·不管閒事，別人是別人，我是我

C·斷然反駁：「根本沒那種事！」

14. 遇到難事時，妳想尋求幫助，但又不願開口求人，怕別人取笑或輕視，是這樣嗎？

A·雖然怕丟臉，但還是會問

B·是的

C·不在乎，開口就問

15. 當別人遇到麻煩時，妳常會有幸災樂禍的感覺嗎？

A·常有此心

B·有一點

C·沒有，並且通常會積極幫忙

16. 妳愛向人誇耀自己的能力和「榮耀歷史」嗎？

A · 是，不說出來總覺得低人一等

B · 從來不，沒什麼好炫耀的

C · 偶爾也會誇自己兩句

17. 妳很看重學習成績和工作成績嗎？

A · 是的，很看重

B · 不看重，只要自己努力了就問心無愧

C · 還好

18. 妳覺得入鄉隨俗是很困難的事嗎？

A · 是，常常還保持自己的習慣

B · 能接受，但不是全部

C · 無所謂，到哪都一樣

19. 妳覺得人的面子最重要，輕易認錯是很沒面子的行為，是這樣嗎？

A · 是，從不認錯

B · 不在乎，錯了就要承認嘛

C · 要看情況認錯，不會無原則地認錯

20. 妳常問自己「我行嗎」這類問題嗎？

A‧是，常怕自己做不好

B‧有時心裡也沒底

C‧只要盡自己最大努力做就行了

測　驗　結　果

以上各題，選A得5分，選B得3分，選C得1分，請計算總得分。

14～29分

妳的自卑主要是由環境變化造成的。妳平時沒有自卑感，無論情況如何變化，妳都是一個樂天派，妳對自己的才能充滿自信。如果妳產生自卑感的話，那是因為環境變化了，譬如妳進入了人才濟濟的大公司。

30～44分

妳的自卑主要是理想過高造成的。妳有過分追求、理想太高的缺點。妳不滿足現狀，想出人頭地，這些想法導致妳去追求一些不切實際的想法。也可以說，妳過於與周圍的人計較長短勝負，因此陷入自卑感中無法自拔。

45～60分

妳的自卑主要是自己預設立場造成的。妳在做事前就過早地斷定自己不行，自認為不如別人。因為妳不瞭解周圍人的情況，不清楚妳所思慮的事情的本來面目，等搞清楚之後就會坦然自如。

61分～70分

妳的自卑主要是性格懦弱造成的。妳習慣用消極悲觀的眼光看待事物，妳對自己的外貌缺乏自信，一看到自己的缺點，就自認為不行而轉向消極。不管是與人交往還是自己做事，懦弱都會導致自釀苦酒。

妳 有孤僻的傾向嗎

假如妳乘坐太空船在太空旅行，忽然被吸進了一個看不見的黑洞中，然後被扭曲的空間困住了，而且此時也與外界失去了聯繫。此時妳心中充滿了恐懼，擔心再也回不去了。憑妳的想像，妳認為那個扭曲的空間有多大呢？

A·非常狹窄，動彈不得

B·有足以讓自己轉動身體的空間

C·它的空間足以讓自己順利通過

D·裡面的空間非常廣闊

測 驗 結 果

選擇A

妳是那種對什麼事情，對什麼人都毫無防備的女孩子。妳很容易相信別人，並且很快就會和他們打成一片，這不能不算是一種優點，但這種優點很容易讓妳上當受騙。建議妳提高警覺，最好能和他人保持一定的距離。

選擇B

妳是個性豪爽、過度正直的女孩子。一般來講,妳會把自己的一切毫無保留的表現出來,而這正是妳的優點所在,不過,如果說話太直的話,很可能會被朋友當成一個「不會看場合說話的傻瓜」。

選擇C

妳是那種太過小心的女孩子。即使是在家人或者朋友面前,妳也不會輕易打開自己的心扉,別人總是覺得妳很神秘,不知道妳在想些什麼,但是妳自己卻覺得自己很開放。其實,妳有一點孤僻的傾向,需要多加注意哦!

選擇D

妳是那種過分警戒的女孩子。妳一直都生活在自己的小天地裡,期望愛情、友情與機遇都能降臨到自己頭上。這樣的妳會對許多事情都充滿希望。但如果凡事不主動些,就很容易因為個性孤僻而被大家誤會。建議妳打開心扉,多接觸外面的世界。

浮 躁的年代，
妳是否具有浮躁氣息

　　這是一個處處都充滿著浮躁氣息的年代，因為浮躁，讓我們茫然不安，讓我們無法安靜，讓我們感受不到快樂和幸福。在這個年代，妳身上也存在浮躁的氣息嗎？以下各題，每道題有都：

A‧經常

B‧有時

C‧從不

三個選項，選出最符合妳實際情況的一個。

1. 在工作上稍微遇到些挫折，妳就想辭職或者跳槽嗎？
2. 妳非常討厭做一些瑣碎無聊的小事嗎？
3. 妳總覺得他人的成功完全是靠運氣得來的嗎？
4. 妳總得自己懷才不遇，沒有遇到伯樂嗎？
5. 妳總覺得同事沒有自己有能力，不值得學習嗎？

6. 和朋友們聚會時，妳是否總喜歡抱怨自己的付出和收穫不成正比？

7. 妳是否意識到許多想法過於急功近利，急於求成，但總是改變不了自己？

8. 妳希望自己有美好的未來，可是一旦想起那些目標就感到煩躁不安嗎？

9. 妳發現自己對一份工作的熱情持續不了多久，很快就心生倦意嗎？

10. 妳對目前日復一日的重複生活感到很厭煩，是嗎？

11. 妳雖然做什麼事情都很努力，但總是沒有回報，想起來就煩躁嗎？

12. 妳經常早上醒來時，在床上待著，什麼事情也不願意做嗎？

測 驗 結 果

選A得3分，選B得2分，選C得1分。

16分以下

妳的心態比較平靜，對什麼事情考慮得都很成熟，相信只要自己努力就一定會有結果。

16～23分

　　妳的情緒有點浮躁，要注意調節，最好找一個心理諮詢師，為自己的生活出路指點方向。

24分以上

　　妳在情緒上很浮躁，建議妳趕快尋求諮詢師的幫助，否則妳的慾望難以自控，可能會讓自己的生活翻車。

妳 是個完美主義者嗎

　　很多女性都追求完美，例如外表一定要漂亮，身材一定要完美，職業一定要體面等。但過分追求完美常常會讓妳不能盡情地享受生活，甚至會遠離成功。那麼，妳是一個完美主義者嗎？下面的這個測試，或許對妳有所幫助。

　　以下每道題都有：

A‧完全符合
B‧基本符合
C‧不太符合

三個選項，選出最符合妳的。

　　1. 妳想與多年前熟識的男友聯絡，可是每當想給他寫信時卻又一次次推遲。因為使他瞭解妳之前的狀況似乎是一件很難的事嗎？
　　2. 妳為一位潛在的客戶做了營業報告但卻沒有爭取到這位客戶，妳會連續幾周感到沮喪和心不在焉，並且不斷地想起妳說錯的話和做錯的事嗎？

3. 如果工作上有人挖苦或羞辱妳，妳會發怒並感到受了傷害。但隨即妳會這樣想：「我應該能忍受這些，不能讓它困擾。」嗎？

4. 如果妳不得不換工作，妳會在制訂目標後再去找嗎？如，妳會先減肥，達到完美的體型後再以最佳狀態去面試。

5. 由於乾洗店沒有及時清洗妳喜愛的餐桌布，妳在用餐時感到很不舒服，並且不能盡情享受美味嗎？

6. 工作中妳儘量避免參加排程上的討論會，除非妳已經在事前做了充分的準備嗎？

7. 妳正在設計一個重要的方案，卻找不到最心愛的鋼筆，妳會放下手頭的工作直到找到它為止嗎？

8. 當妳在某人身邊，而他又是妳心儀的男人或對妳的工作是個很重要的人物時，妳便會謹慎從事，儘量使談吐恰如其分嗎？

9. 當妳因不得不當眾發言而感覺慌亂時，妳會在心裡氣憤地責備自己不爭氣嗎？

10. 如果朋友要妳請假陪她去醫院看病，而妳碰巧有重要工作而不能請假時，妳內心會感到非常不安嗎？

11. 節日期間妳因送禮物問題而搞得焦頭爛額嗎？因為妳不得不花上幾個星期的時間尋覓適合的禮物。

測 驗 結 果

以上各題，選A得2分，選B得1分，選C得0分。計算妳的
總得分。

14～22分

妳很接近於病態的完美主義者，妳對於期望過分堅持，
而當妳達不到目標時就會感到萬分痛苦。

8～13分

妳似乎對結果的期望值不是很高，妳只是在生活中的某
些領域裡不夠圓融變通。

0～7分

妳的目標和結果基本接近於現實，完美主義的思想並不
是妳生活的主流。

如果妳符合 **問題4和10** ，說明妳抱有不切實際的目標或
理想。完美主義者常常自發地引起不必要的焦慮和因爲制訂
過高的目標而增加失敗的機會。

如果妳符合 **問題1和3** ，妳可能有拖延的習慣。完美主義者常因害怕事情不能做得完美而避免採取行動。其實，想想看，不採取行動和完美之間還有第三條可走的路——行動，而行動的範圍和可能是無限的。

如果妳符合 **問題7和11** ，妳過分注意細節和精確性。妳會努力使每一步都到位，這會讓妳把更多的時間和精力花在不值得的地方。

如果妳符合 **問題2和5** ，那麼妳容易忽略積極的因素，常因小小的瑕疵和過失而一筆勾銷以往的努力，完美主義者認為寧缺毋濫：如果我搞砸了一椿生意我的工作就一無是處。實際上，他們忽略了事實——那些做成功的生意，而只注意了消極的因素，並因此而使自信、自尊受挫。

如果妳符合 **問題6、8和9** ，那麼妳懼怕自我暴露。完美主義者常認為「假如我不完美我就難以使別人喜歡我。」這種想法易造成與他人交往時過分苛求自己，缺乏自主意識。

妳 容易產生羞怯的情緒嗎

羞怯的心理每個人都有，只是輕重不同而已。羞怯是一種常見的心理，但過度羞怯則是一種病態了。生活中，妳容易產生羞怯嗎？來測一下吧！

1. 妳去朋友家做客，卻忘記了他家的門牌號，這時妳會？

A · 隨便按響一家門鈴打聽清楚，可能會碰上

B · 給朋友打電話詢問一下

C · 一家家地找

2. 如果妳的主管要妳對他直呼其名而不是稱呼其職銜，妳會感到？

A · 很高興

B · 無關緊要

C · 很不習慣

3. 當面對一個全是陌生人的房間時，妳會？

A‧猶豫半天才跨進去

B‧一直等到有其他人才隨著一起進去

C‧毫不猶豫地走進去

4. 在日常例會上，妳有個與眾不同的建議，這時妳會？

A‧站起來侃侃而談

B‧會後向有關人員私下提出

C‧希望會場中有人代妳提出

5. 妳和家人去餐館吃飯，無意發現鄰座坐著一位妳崇拜已久的明星，妳會？

A‧極想上去請他簽名，但只是局促地坐著不動

B‧在家人的鼓動下，鼓足勇氣上前提出妳的請求

C‧自自然然走到他桌前搭訕

6. 一次小型聚會上，妳看見一位吸引妳的男生，妳會？

A‧希望他能夠注意自己

B‧請朋友引見

C‧走上前去做一番自我介紹

7. 公司尾牙晚會，老闆請妳做節目主持人，這時妳會？

A‧欣然接受

B‧答應試試，心中有點不安

C‧覺得不可想像，堅決推掉

8. 家裡來了一位妳從未謀面的客人，妳會？

A‧輕鬆地進行攀談

B‧開始有點緊張，後來就好了

C‧一直擔心自己舉止失當

9. 從店裡買回一件新的服裝，何時妳會開始穿？

A‧買回來先放著，直到家人催促才穿，或有限的小範圍試穿

B‧一直看到周圍有人穿上同款的，才穿出去

C‧回家就換上

10. 一年一度的合唱比賽到了，妳是合唱隊成員之一，指揮給每位隊員安排位置，妳希望被安排在：

A‧第一排中間觀眾視線的焦點上

B‧旁邊都有隊員遮擋的後排位置

C‧只要不是中間就行

11. 上司派妳到機場接客人，告訴了妳那人的姓名及外貌特徵。妳在人群中看到這樣一個人，這時妳會？

A · 大步上前加以證實

B · 把寫著「接XXX」的牌子在他的視線內晃動希望引起他的注意

C · 站在一邊，直到其他旅客走光，確定他也在等人才去招呼

12. 舞會上有位妳並不相識的男人一直凝視妳，妳會？

A · 以同樣的方式回報他

B · 掃對方一眼，又裝作未察覺掩飾過去

C · 微微低頭或將臉扭開

測 驗 結 果

以上各題，選A得1分，選B得2分，選C得5分。計算妳的總得分。

12～22分

妳對自己充滿自信，因此很少拘謹，也通常不會感到羞怯，這樣一來，妳往往能夠捕捉到更多施展才華的機會。但是，為了維護自己的尊嚴，妳必須注意分寸。

23～46分

　　妳的羞怯度屬於中等。這個中等的羞怯度，常常會給妳的工作、社交等帶來一些障礙，不過多半會發生轉機。如果妳能夠把這些事情處理好，它反而會成爲妳惹人喜愛的因素之一。

47～60分

　　妳缺乏自信，因此羞怯心理也很嚴重。在生活中，妳不喜歡公開亮相，無意與他人競爭，遇事猶豫不決，不善於交際；另一方面，妳勤於思考，機敏睿智，爲人謹慎，凡事多爲人著想，這是妳的長處。其實，每個都有其所長，有其所短，妳沒必要把周圍的人看得太高。

妳 的貪婪指數有多高

假設妳今天要去參加一個宴會，在宴會上，如果服務生端來一個托盤，托盤裡同樣的酒杯裝著同種果汁，但份量不同，妳會選擇哪一個杯子？

A · 空杯，但正要倒入果汁
B · 半杯
C · 七分杯
D · 滿杯

測 驗 結 果

選擇A

其實妳是在掩飾自己的貪慾，因為妳內心正盼望著得到更多的果汁。一般來講，妳對金錢慾望非常強，但卻搞不清楚自己到底有多少錢，所以是一個很會賺錢的窮人。

選擇B

在生活中，妳非常謙讓，例如挑選東西，妳總是等別人挑過了才去挑。同樣，妳做事情也很謹慎，對金錢的處理也是同樣的謹慎，因此，妳是一個對金錢慾望不強的人。

選擇C

做任何事情，妳都會想著給自己留條後路。妳自制的能力很強，不會輕易進行危險的金錢交易，所以，妳是一個對金錢慾望強烈但也善於支配的人。

選擇D

妳的貪婪度簡直是太高了，拿這次的果汁來說，妳有沒有想過沒有果汁喝的小朋友。生活中，妳也是非常貪婪，妳想擁有自己看到的所有東西，對金錢的貪婪度也極為強烈。不知道妳感覺到沒有，這樣的生活是很痛苦的。

妳 是一個虛榮的女人嗎

女性喜歡透過別人的眼睛，對自己展開評價。正因為如此，常常會在「虛榮」中迷失自己，妳是個虛榮的女人嗎？不妨來測測看！

1. 上公車時掉了十元錢，妳還會下車去撿回來嗎？

A．是的。前進到第5題

B．否。前進到第2題

2. 妳和朋友在外面吃飯，常常剩下很多菜嗎？

A．是。前進到第3題

B．否。前進到第7題

3. 買禮物送人時，妳通常不挑實用的，而專挑好看的嗎？

A．是。前進到第4題

B．否。前進到第7題

4. 不管是衣服還是別的東西，妳都愛買名牌嗎？

A·是。前進到第8題

B·否。前進到第11題

5. 妳笑的時候是否習慣張著嘴哈哈大笑？

A·是。前進到第6題

B·否。前進到第7題

6. 朋友如果沒有事先告知而突然到訪，妳會很生氣嗎？

A·是。前進到第7題

B·否。前進到第9題

7. 買不起的東西，為了面子，就算是分期付款也要買？

A·是。回到第4題

B·否。前進到第8題

8. 多次因受不了店員的鼓動而買下東西，回家卻後悔不已嗎？

A·是。前進到第11題

B·否。前進到第9題

9. 喜歡算命，但是卻不喜歡被熟人看到嗎？

A·是。前進到第11題

B·否。前進到第13題

10. 出門時，身上只帶了一千元，當有人向妳借三千元時，妳會説忘記帶錢包出來，而不説是錢不夠嗎？

A·是。前進到第15題

B·否。前進到第13題

11. 參加宴會時發現別人穿的都比妳闊綽，妳感到很丟人，很早就回家了嗎？

A·是。前進到第15題

B·否。回到第10題

12. 第一次見面時，妳會很好奇地詢問對方的學歷和職位嗎？

A·是。前進到第16題

B·否。前進到第15題

13. 很少出國旅行，可是一出國就要住五星級飯店嗎？

A‧是。B型

B‧否。A型

14. 妳非常嚮往舒適的、神仙般的婚姻，是嗎？

A‧是。C型

B‧否。B型

15. 妳很在意別人的對自己的手勢和議論嗎？

A‧是。前進到第16題

B‧否。回到第14題

16. 買東西的時候，即使是小錢，妳都會用大面額鈔票讓他找錢給妳，是嗎？

A‧是。D型

B‧否。C型

測　驗　結　果

A型虛榮心強度10%

妳從來不去關注流行和時尚，而且妳覺得那些人一天

到晚比來比去是一件很無聊的事情，妳認為自己的心情最重要，沒有必要去管別人怎麼想。妳對於自己相當地自信，似乎沒什麼能打動或干擾妳的心情。

B型虛榮心強度40%

妳的虛榮心並不怎麼強，但在妳的經濟條件許可範圍內，妳偶爾也會花錢去買一些昂貴的東西，而且最大的原因是為了不掃男朋友的興，想看他看見自己打扮得漂漂亮亮很開心的樣子。

C型虛榮心強度70%

妳不僅有著強烈的虛榮心，也有著強烈的自尊心。生活中，妳非常在意周圍人對妳的看法，總是裝著一副光鮮亮麗很得意、快樂的樣子，而且愛跟別人比較，結果自己反而覺著很累。建議妳放鬆一下自己，學會保持自己的本色。

D型虛榮心強度90%

妳是個十足愛慕虛榮的人，或許妳自己並不覺得，但明眼人一眼就能看出，因為妳的談吐行為無一不清晰地流露出虛榮的氣息。而且妳常常為了誇耀自己去說一些誇張、不切實際的話。建議妳趕快學著改變自己，否則就無可救藥了。

妳 能控制自己的情緒嗎

　　據心理專家調查發現，每個人都或多或少有些神經質，會出現情緒不穩定的狀態。在不穩定的情緒狀態之下，有些人就可能把持不住做出一些過火的事情來。因此，我們不能做情緒的奴隸，而應該想辦法做情緒的主人。

1. 妳堅信自己有能力克服各種困難嗎？

A‧不是的

B‧不一定

C‧是的

2. 當妳看到一些兇猛的動物，儘管它們都關在籠子裡，妳也會渾身發抖嗎？

A‧是的

B‧不一定

C‧不是的

3. 不知道什麼原因，是否總有一些人在刻意迴避妳或者冷淡妳？

A・是的

B・不一定

C・不是的

4. 在大街上逛的時候，妳是否常躲開那些妳根本不願搭理的人？

A・有時候會這樣

B・偶然會這樣

C・極少會這樣

5. 有時妳是否會突然討厭某些東西，想把它們扔掉？

A・不是的

B・不一定

C・是的

6. 在做夢的時候的情緒激動會影響妳的睡眠質量嗎？

A・經常是這樣

B・偶然這樣

C・從來不會這樣

7. 妳雖然很會待人，但有時難免會產生一種挫敗感嗎？

A · 是的

B · 不一定

C · 不是的

8. 妳是否一直堅信自己能夠達到期望的目標？

A · 不是的

B · 不一定

C · 是的

9. 如果在一個全新的環境中開始一種新的生活，妳會怎麼樣？

A · 把生活安排得和以前截然不同

B · 不知道會怎麼樣

C · 和以前一樣

10. 當到達一個陌生的城市的時候，妳是否能夠準確無誤地判斷出方向？

A · 不是的

B · 不一定

C · 是的

11. 不管天氣怎樣，是否都很難影響到妳的情緒？

A‧不是的

B‧不確定

C‧是的

12. 當妳正專心地看書的時候，如果有人在妳身邊大吵大鬧，妳會？

A‧很生氣，不能專心地看書

B‧不一定，看心情

C‧仍然能夠專心讀書

13. 妳喜歡妳所學的專業和妳現在所從事的工作嗎？

A‧不是的

B‧不一定

C‧是的

測 驗 結 果

以上各題，選擇A得0分，選擇B得1分，選擇C得2分。計算妳的總得分。

0～8分

　　妳能夠很好地控制自己的情緒。妳性格成熟，能面對現實。在生活中，妳通常都是以沈著冷靜地態度對待問題，解決問題。妳在各種行動中充滿了朝氣，很會振奮士氣，有強烈的團隊精神。儘管有時候不能解決生活中的一些難題，但妳能夠自我寬慰。

9～19分

　　妳有時會難以控制自己的情緒。妳的情緒有變化，但不是很大，能夠應付生活中一般的問題。但在一些重大問題面前，妳往往會把持不住自己，顯得急躁不安。在這個時候，妳對自己的情緒就會有些失控。平時多注意一些，應該不會出現大的問題。

20～26分

　　妳完全不能控制自己的情緒。妳的情緒波動很大，容易受到環境的支配。妳容易心神動搖，遇到什麼事情通常是急躁不安，還會失眠，不能應付生活中遇到的各種阻撓和挫折。所以，妳平時應該注意調節自己的心情，使自己始終保持一個良好的心態，從而穩定自己的情緒。

災 難面前，妳怎麼應對

1. 妳怎麼看待921大地震？

A·簡直不敢相信會有這麼悲慘的事情發生

B·經常會參與討論，以表達自己的悲痛和哀思

C·想辦法盡自己的一點綿薄之力

2. 妳認為地震中的倖存者，應該怎麼做？

A·想辦法釋放自己受驚嚇的情緒

B·先找個安靜的地方梳理一下自己的情緒

C·盡自己所能去幫助其他需要救助的人

3. 妳怎麼看待自己的人生？

A·上帝掌控著我們的生活

B·人生就是一段旅程，一種體驗

C·命運把握在自己手裡

4. 剛起床，妳就和丈夫大吵一架，接下來妳會？

A·透過忙碌的工作來忘掉或排遣這種不快

B‧找個人訴說一下自己的不快

C‧與丈夫積極溝通，弄清楚他發脾氣的原因

5. 當朋友受到老闆不公正的待遇時，妳會？

A‧認為朋友的老闆很差勁

B‧勸導朋友換個角度看問題

C‧幫助朋友分析產生問題的原因

6. 假如，一個年僅6歲的孩子父母不幸雙雙去世，妳會告訴他真相嗎？

A‧直接告訴孩子他的父母已經去世了

B‧告訴孩子他的父母去了遙遠的地方，很久才會回來

C‧安排好孩子的生活後，看孩子的情緒而定

7. 當妳的事業正缺少資金時，合作夥伴又突然撤資，妳會怎麼辦？

A‧覺得自己很失敗

B‧相信合作夥伴不會扔下不管

C‧儘快尋找新的資金渠道

8. 就處理事情的方式而言，妳最喜歡《紅樓夢》中哪位女性？

A · 林黛玉

B · 王熙鳳

C · 薛寶釵

9. 剛到一個新的環境，妳會？

A · 感到孤單和寂寞

B · 與老朋友保持聯繫，讓自己慢慢適應

C · 積極融入新同事的圈子

10. 每當聽到身邊人去世的消息時，妳會？

A · 情緒壓抑好幾天，覺得生命無常

B · 登門拜訪，寄託哀思

C · 用自己的方式為離去的人哀悼

11. 假如妳和丈夫離婚了，會怎麼做？

A · 儘量不讓他人知道這一事實

B · 希望能夠得到家人和朋友的安慰

C · 積極尋找新的伴侶

12. 困難面前，妳會？

A · 希望能夠擁有解決困難的超人本領

B · 相信沒有克服不了的困難

C · 保持冷靜，觀察事情進展

13. 與人發生衝突，妳認為可能的原因是什麼？

A · 自己運氣不好

B · 對方脾氣古怪

C · 雙方處理方式欠妥

14. 當痛苦不期而遇，妳可能會？

A · 默默承受

B · 找人傾訴

C · 化悲痛為力量

測 驗 結 果

以上各題，選擇A得1分，選擇B得2分，選擇C得3分。計算妳的總得分。

14～18分

　　妳不是積極地去想對策進行解決，而是想辦法進行迴避。迴避災難可能會在短時間內讓自己得到保護，但並不是解決問題的根本辦法，而且還可能會影響自己接下來一系列正常生活。因此，建議妳在短暫的迴避之後，能夠儘快想辦法解決問題，否則妳真的稱得上是一個「懦婦」。

19～30分

　　妳不會選擇逃避，但也不會想辦法去應對，而是將重心放在減輕情感痛苦上面，因此妳對災難帶來的負面情緒十分敏感。不可否認，對情緒的關注與調節，是一種比較高明的應對重大災難性事件的方式，但如果遇到一些自己能夠左右的災難，可能就會耽誤改變結果的契機。建議妳先解決問題，再進行心理療傷。

31～42分

　　妳是典型的問題解決型。在遭遇災難的第一時間內，妳就試圖制訂詳細周全的計畫，並盡可能直接地解決問題。生活中，妳是積極樂觀的女人，不會輕易向災難低頭。但是因為過分積極樂觀，妳卻總是忽略自己內心深處的負性情緒。建議妳在解決問題的同時也關注一下自己的心理。

妳的情商有多少分

　　情商指的是個人對自己情緒的把握和控制，對他人情緒的揣摩和駕馭，以及對人生、對生活的樂觀程度和面對困難與挫折時的承受能力。它決定了每個人對事物或他人的看法和行為的感覺基調，在生活中有著十分重要的作用，同時也決定著我們的幸福感和成就感。

　　1. 和丈夫發生摩擦以後，妳能否可以因照顧他的面子而在別人面前掩藏妳真正的心情？

　　A·是　　B·否

　　2. 當妳的工作受挫，妳是否認為這是對妳未來的警告？

　　A·是　　B·否

　　3. 妳能否在妳好朋友開口之前先察覺出她的心情狀態？

　　A·是　　B·否

　　4. 當妳被事情困擾時，妳會在晚上失眠嗎？

　　A·是　　B·否

5. 妳認為我們應該努力，不應該輕言放棄嗎？

A · 是　　B · 否

6. 當朋友和妳分享好消息時，妳容易被浪漫的電影吸引嗎？

A · 是　　B · 否

7. 當妳認為妳所處的環境不如意時，妳會考慮尋求改變嗎？

A · 是　　B · 否

8. 妳平時很在意他人對妳的看法和意見嗎？

A · 是　　B · 否

9. 自己時常因為能讓別人快樂而高興嗎？

A · 是　　B · 否

10. 不喜歡砍價，儘管自己知道那樣做會省下不少錢嗎？

A · 是　　B · 否

11. 妳認為直接坦言可以讓事情更簡單嗎？

A·是　　B·否

12. 妳的話題經常引起大家的爭論，但又不願意和大家
正面爭吵嗎？

A·是　　B·否

13. 在平時的生活和工作中做出的決定，又經常懷疑它
的正確性嗎？

A·是　　B·否

14. 妳比較喜歡變動較大的工作環境嗎？

A·是　　B·否

15. 對於週末大家去哪裡玩，妳總能提出不錯的建議
嗎？

A·是　　B·否

16. 如果上帝給妳改變自己面容和個性的機會，妳是否
願意接受？

A·是　　B·否

17. 無論妳怎麼努力，老闆對妳的工作成績是否總是不滿意？

A·是　　B·否

18. 妳認為妳的愛人或者說戀人對妳的期望高嗎？

A·是　　B·否

19. 妳認同適當的壓力是動力的說法嗎？

A·是　　B·否

20. 妳會把自己的隱私和朋友分享嗎？

A·是　　B·否

測　驗　結　果

以上各題，回答「是」得12分；回答「否」得0分。計算妳的總得分。

0～80分

為人處世，妳總是以自我為中心，很少去為別人考慮。不過妳很聰明，一些觀念和想法都很有創意，因此能夠在短

期內取得一定成就；但因爲不會處事，周圍的人會漸漸離妳越來越遠。此外，妳做事衝動，喜歡亂發脾氣。建議妳在爲人處事的過程中學會控制自己的情緒，多站在他人的角度來想問題。

81～160分

妳是個現實主義者，只要達到感觀上的滿足妳就會覺得滿足，妳就會忽略心靈層次的需要，更不屑於做情感方面的溝通。生活中，物質利益對妳來說永遠是最重要的，而且妳永遠不會得到滿足。建議妳在追求物質利益的同時，也能夠考慮一下情感的需要，這樣才能爲自身創造新的優勢。

161～240分

妳是一個十分自信的女人，因此一般的生活變故和情感挫折很難影響到妳。生活中，妳很清楚自己的目標所在，再加上妳處事冷靜的個性，因此妳總能夠很好地把握自己的人生方向。同時，在控制情緒方面，妳是出類拔萃的，也能夠與他人很好地相處，但有時候過於依賴社交技巧。

妳 有足夠的意志力嗎

堅強的意志是一個人成功的必要心理素質，只有堅持不懈持之以恆，才能圓滿地實現自己的人生目標。

1. 在同事家裡，桌上放有一盒妳愛吃的糖，但妳的同事卻無意讓妳吃，當她離開房間時，妳會：

A·立即拿一塊來嚐，再抓一把放進口袋

B·一塊接一塊地吃起來

C·告訴自己，我馬上就有一頓豐盛的晚餐

D·靜坐著，拒絕它的誘惑

2. 妳發現妳的朋友沒有將日記鎖好就離開了房間，妳一直很想知道她對妳的看法以及她和她男朋友的情況，妳會：

A·從頭到尾，仔細翻看，並記下其中細節

B·迫不急待地看，然後責問她為何說妳好管閒事

C·匆匆忙忙看幾張，直到不好意思才停下來

D·馬上離開房間去找她，不讓自己有偷看的機會

3. 妳從自己朋友的日記裡發現了許多祕密，很想和他人分享，妳會：

　　A · 請催眠師使妳忘記這些祕密

　　B · 馬上告訴其他朋友

　　C · 不打算告訴其他人，但會讓當事人知道妳發現了她的祕密

　　D · 什麼也不做，幫她守住祕密，繼續做好朋友

4. 妳正存錢準備年底旅行，可是看到一件自己心儀已久的衣服，妳會：

　　A · 自己準備衣料，親手做一件一樣的衣服

　　B · 每次路過那家商店都會匆匆走過

　　C · 先買下來再說，然後向父母借錢去旅行

　　D · 放棄它，沒有什麼可以阻礙妳的旅行計畫

5. 妳對新年所許下的諾言持怎樣的態度？

　　A · 懶得去想

　　B · 到適當的時間就違背它

　　C · 只能記住幾天

　　D · 維持兩三年

6. 妳深信自己愛上了他，但妳只是他無聊時的玩具。一個狂風暴雨的晚上，他要求和妳見面，妳會：

A・毫不猶豫地去見他，哪怕受涼感冒了也值得

B・馬上冒雨去見他，縱然數小時也值得

C・掛斷電話。儘管妳不情願，但是妳需要一個更關心妳的人

D・先要他答應以後要好好待妳才答應去，他照例高興答應

7. 妳要在一個月內完成一項重要任務，妳會：

A・每次想動手時都會有其他事分神，不斷告訴自己還有一個月時間

B・限期前30分鐘才開始進行

C・在接到任務後很快開始進行，以便有充足的時間

D・立即進行，並確定在限期前兩天進行完畢

8. 醫師建議妳多做運動，妳會：

A・每天跑步去買雪糕，然後坐車回家

B・最初幾天依照醫生指示去做，待醫生檢查後就放棄

C・只在頭一兩天照做

D・拚命運動，直至支持不住

9. **假如妳能在早上6點起床溫習功課，晚上妳便有更多的時間，令妳做事更有效果，妳會：**

A‧算了吧，睡覺比溫習更重要

B‧雖然每天早晨6點鬧鐘準時叫醒妳，但妳仍然在床上直至8點才起床

C‧鬧鐘轉在5點半，為了能夠準時在6點起來

D‧約在5點半起床，然後用淋熱水浴使自己清醒

10. **好朋友想和妳一起通宵看電影，可是妳明天要早起做兼職，妳會：**

A‧看通宵，不去做兼職了

B‧視情緒而定，要是太累了就陪朋友

C‧看到晚上9點半回家睡覺

D‧拒絕朋友，好好地睡覺

測 驗 結 果

以上各題，選擇A得0分，選擇B得1分，選擇C得2分，選擇D得3分。計算妳的總得分。

25～30分

　　妳有驚人的意志力，無論何時何地，遇到什麼樣的情況，妳都不會改變妳的主意；可是有時太執著也並非好事，要嘗試改變一下，這樣生活會更美好。

18～24分

　　妳是一個會權衡利弊、輕重緩急的人，懂得什麼時候放鬆，什麼時候堅持。妳堅守自己的本分，但有時玩心也會改變妳的決心。建議妳一定要制訂一個適合自己的意志培訓計畫。

18分以下

　　妳十分想堅持妳的計畫，但是很少可以堅持不懈，這並非說妳的意志力差，而是妳的興趣不在這裡，對於可以讓妳有滿足感的工作，妳會十分堅定地堅持下去的。

妳 和樂觀是否有緣

　　樂觀是一種態度，是一種精神，是一種品格，是一種境界，它可以讓妳拋棄許多煩惱，可以給妳帶來許多意想不到的精神愉悅。

　　1. 對於將來的計畫，妳一直很關心嗎？

　　2. 妳認為大多數人誠實嗎？

　　3. 旅行時，妳將房門鑰匙交給朋友或鄰居代管，貴重的物品會事先鎖好嗎？

　　4. 出遊時，妳有過沒有預約酒店就出去的經歷嗎？

　　5. 妳會將妳收入的大部分來買保險嗎？

　　6. 妳曾夢想過中彩票或繼承大筆財富嗎？

　　7. 妳和別人打過賭嗎？

　　8. 出門時，妳會常常帶傘嗎？

　　9. 假如半夜三更妳聽到有人叫門，妳會認為肯定有什麼事情發生了嗎？

　　10. 妳會經常隨身攜帶安全別針，以防衣服或別的東西裂開嗎？

11. 當朋友向妳借錢時，而且他保證一定還，妳會答應嗎？

12. 在大多數情況下，妳會相信別人嗎？

13. 假如有個重要的會議，妳會提早出發，以防止意外情況耽誤時間嗎？

14. 大家原本計劃出去玩，如果下雨，妳還會按原計劃準備嗎？

15. 早晨起床時，妳會認為美好的一天開始了嗎？

16. 收到意外的禮物，妳會很高興嗎？

17. 如果醫生建議妳做身體全面檢查，妳會認為自己可能有病嗎？

18. 妳對未來一年都充滿希望嗎？

19. 上飛機前，妳會為自己買旅行保險嗎？

20. 妳會很隨意地花錢，等花完後發愁嗎？

測 驗 結 果

以上各題，回答「是」得1分，回答「不是」得0分。計算妳的總得分。

15分以上

　　妳的樂觀指數很高，可以說是一個標準的樂觀主義者。在妳的眼睛裡天空總是美麗的，妳總是能夠看到人生好的那一面，失望和困難統統被妳甩在旁邊。不過，要記住，過分的樂觀，有時也會造成妳掉以輕心，最後反而會誤事。

8～14分

　　妳可以正常地對待生活，平靜的看待人生。但妳仍需更進一步，如果妳能學會以怎樣樂觀和積極的心態來面對生活中的挫折和困難，妳將會取得成功，而且會享受到生活中意想不到的樂趣。

7分以下

　　妳是一個標準的悲觀主義者，妳看到的天空總是陰暗的，生活中有數不盡的煩惱，事業上困難重重，妳看到的總是人生中不利的那一面。但這也有好處，由於妳從來不往好處想，所以妳很少失望。

妳 能順利走出人生低潮嗎

　　秋風瑟瑟的午後，一對情侶在鋪滿落葉的小路上散步，突然，女孩子卻哭了起來。接下來會發生怎樣的故事呢？請在下面的幾個場景中，請選出與妳想像最接近的一個。

　　A‧女孩哭著對男孩子說：「我走了，以後照顧好自己。」然後踩著落葉跑著走開了

　　B‧女孩子流著淚哽咽著說：「那好，再見！」然後慢慢地離去

　　C‧女孩什麼話也沒有說，等到眼淚流完了，情緒平靜下來，才悠悠地說：「再見！」隨後頭也不回地、堅定地離去

測 驗 結 果

選擇A

選擇這個答案的女孩子一般都會很善解人意。

如果她們遭遇到人生的低谷，往往會有感而發，培養自

己巨大的包容力。因此對她們來說，遭遇人生的低谷反而會
讓她們更加成熟。因此，人生低谷反而給她們提供了成長的
契機。

選擇B

選擇這個答案的女孩子不管是在哪些方面都爭強好勝，
不願服輸。

一般而言，當人生遭遇困境時，她們會努力爭取自己應
得的利益，而且會及時充電、多結交朋友，這些都為她將來
的發展奠定了基礎。

選擇C

選擇這個答案的女孩子一般都很堅強。

當人生陷入低潮的時候，她們會耐心等待一切恢復正
常，或者是研究更好的對策。她們知道，與其勉強擺脫困
境，倒不如等自己心情慢慢變好。而且她們相信逆境中得到
的啟示會受益終生。

面 對災難，
妳的心理承受力有多強

1. 妳是否有透過丟硬幣幫助自己做選擇的經歷？

A‧是。前進到第2題

B‧否。前進到第5題

2. 妳是否覺得和性情不和的人在一起工作是一種折磨？

A‧是。前進到第4題

B‧否。前進到第3題

3. 妳是否因為失眠服用安眠藥？

A‧是。前進到第12題

B‧否。前進到第6題

4. 看到有人說話辦事矯揉造作，妳是不是渾身不舒服？

A‧是。前進到第11題

B‧否。前進到第8題

5. 遇到悲傷的事情時，妳總是？

A · 放聲痛哭。前進到第6題

B · 控制情緒。前進到第7題

6. 妳一般會選哪種顏色的窗簾？

A · 柔和的暖色簾子。前進到第9題

B · 明亮的原色簾子。前進到第10題

7. 在陌生人面前，妳總是？

A · 無所適從。前進到第10題

B · 大方自然。前進到第11題

8. 如果一群人聚餐，妳覺得誰應該講話最多呢？

A · 男人。前進到第15題

B · 女人。前進到第13題

9. 妳是否經常真心讚美周圍朋友的服飾和打扮？

A · 是。前進到第15題

B · 否。前進到第12題

10. 進入別人使用過的廁所，妳一定要再次沖水才使用嗎？

A・是。前進到第16題

B・否。前進到第14題

11. 妳是否不能忍受房間的雜亂無章？

A・是。後退到第9題

B・否。前進到第13題

12. 妳是否認為顏色鮮豔的飲料成分有問題？

A・是。前進到第13題

B・否。後退到第9題

13. 如果妳是白雪公主，妳會選擇七個小矮人中的一個當男朋友嗎？

A・不會，他們太矮了。前進到第15題

B・如果性情相投也可以。C型

14. 假如妳喜歡收集明信片，妳會：

A・選幾張中意的裱起來。回到第13題

B・在牆上貼滿明信片。D型

15. 提起蠟燭，妳總是想到：

A·溫暖、光明。前進到第16題

B·悲傷、哀悼。A型

16. 如果被朋友誤會了，妳會？

A·認為事情早晚會明朗，沒必要解釋。C型

B·覺得還是解釋清楚比較好。B型

測 驗 結 果

A型：妳的堅強度為★☆☆☆☆

妳是一個喜歡壓抑自己內心的女人，常常是一個人承受痛苦。這種行為習慣和思維習慣給妳的生活造成了非常不良的影響，建議妳想辦法排遣自己內心的苦悶，這樣會讓妳整個人都變得比較輕鬆。

B型：妳的堅強度為★★☆☆☆

妳是一個在困難和挫折面前很容易跌倒的女人，最大的原因是因為妳缺乏自信和毅力。建議妳為自己制定一個良好的目標，透過實踐鍛鍊逐步培養自己堅定的信念和毅力。

C型：妳的堅強度為★★★☆☆

妳的心理堅強度比一般人要好，因此也常常能夠承受災難。不過妳的危機意識比較差，在突發事件面前常常是不知所措。建議妳學會未雨綢繆，多做一些事前準備，這樣方能應付不時之需。

D型：妳的堅強度為★★★★☆

妳自我調節能力良好，能夠調節和應對壓力，而且理智感和邏輯思維非常周密。對待突發事件，妳能夠有條不紊地選擇最佳解決途徑。建議妳在緊張的同時也學會放鬆，因為生活不應該是只有忙碌。

妳 能否處變不驚

　　星期天的午後，運動了兩個小時的妳饑渴難耐。打開冰箱拿出一瓶飲料不管三七二十一就喝了兩大口，然後才注意到有效日期在兩個月之前，這時妳會？

　　A · 趕快把它丟掉，以防家人喝掉
　　B · 想辦法把剛才喝掉的吐出來
　　C · 照喝不誤
　　D · 馬上去看醫生

測 驗 結 果

選擇A

　　生活中的妳思維敏捷，反應迅速，即使有突如其來的危險發生，也能夠應付自如，而且能夠顧及到別人。

選擇B

一般而言，妳對任何事情都能夠應付自如，但是面對突如其來的危險，妳的想法過於單純，而且行為過於幼稚，因此成功率不高。建議妳想辦法提高自身素質。

選擇C

妳是一個粗中有細的女孩子，妳知道很多食品，尤其是飲料是可以長期保存的。災難面前妳總能夠保持冷靜的態度，也能夠理性地應對，因此不容易受到傷害。

選擇D

妳是那種有點神經質的女生，發生一點小事就會大驚小怪，更難以承受生活中的巨大壓力。而且，當危險來臨的時候，妳常常會出現防衛過當、杞人憂天的狀況。

妳 有危機意識嗎

假如一頭牛正從牛舍裡出來吃草，請妳憑直覺判斷，它將走至下面哪一處覓食？

A·山腳下

B·大樹下

C·河流旁

D·柵欄農舍旁

測 驗 結 果

選擇A

妳的危機意識很強，甚至有點杞人憂天。也許原來很容易的事，但被妳天天惦念著，久而久之也就變成困難了。放開心胸，放心去做一些事情吧，要知道天塌下來還有高個子頂著呢！

選擇B

妳是屬於那種高唱「快樂得不得了」的人，一天到晚無憂無慮，妳認為「船到橋頭自然直」，沒什麼好怕的。因此，生活中很少會有讓妳感覺煩惱的事情。遺憾的是，妳有時候過於樂觀，以致在危機面前措手不及。

選擇C

妳是個馬馬虎虎，大剌剌的女孩子，成天迷迷糊糊的，記性又不好，總是要別人提醒妳才會有危機意識，但是過後，又完全不記得危機意識是什麼東西了。

選擇D

妳具有危機意識，甚至在妳周圍的人也被妳強迫一起具有危機意識。但很多時候反而沒有未雨綢繆。

看 顏色，知戀人

在妳想像中，心目中的白馬王子一定在腦海中出現很多次了吧？那麼，現在妳再來想像一下，妳和他第一次見面時，他衣服顏色的主打色會是哪種顏色呢？

A · 黑色
B · 白色
C · 藍色
D · 紅色
E · 灰色

測 驗 結 果

選擇A

黑色代表沉穩、大氣，而且黑色往往能夠給人帶來豐富的想像力。

身著黑色，幾乎可以出席任何場合。所以，妳心目中的戀人會是充滿想象力、富有浪漫情懷的詩人或者藝術家，他

總能夠給你們的戀情製造一些妳意想不到的驚喜和浪漫，而妳也會慢慢陶醉在這些驚喜和浪漫之中。

選擇B

白色代表純潔，也在一定上代表妳渴望得到一份純潔無瑕的浪漫愛情。

在妳的想像中，終有一天，身著白色禮服，高大英俊的王子肯定會邀妳共赴異常盛大的舞會。但是，這可能只是妳的一個夢想，現實生活中的妳，在愛情的道路上屢受挫折。

選擇C

藍色代表休閒和溫馨。

在妳的心目中，白馬王子不需要很有錢，如果他能夠早上陪妳一起晨練，晚上和妳一起在夜色中散步，週末的時候能陪妳逛街或者出外遊玩，妳就會心滿意足。

選擇D

紅色代表熱情。

一般來講，妳喜歡那些交際中表現活躍的男生，因為他往往會帶給妳一些妳從來沒有感受過的驚險和刺激。

選擇E

灰色給人的感覺是冷，意為低調。妳不會刻意要求妳的
戀人有多出色、多優秀，只要他平平安安、快快樂樂，就是
最大的幸福。他之所以會吸引妳，可能是因為你們兩個有很
多共同的愛好吧！

妳 和他將會在哪裡邂逅呢

在妳心裡，是不是無數次地想像過妳和他邂逅的地點？如果讓妳選擇一件禮品送給從沒謀面的他，妳會選擇贈送什麼呢？

A · 限量版的CD
B · 名貴的巧克力
C · 自己設計的賀卡
D · 一套世界名著

測 驗 結 果

選擇A

妳是一個喜歡自由的女子，不希望受到現實生活的羈絆，同時妳對自己的生命品質要求很高，可以說，妳帶有一些生活情調。所以，妳可能會在街角的咖啡店或者是有品味的精品店邂逅自己的白馬王子。

選擇B

妳還是一個甜甜的小女生，對愛情充滿了太多幻想和期待，總認為自己是童話中的白雪公主。因此，充滿歡聲笑語的遊樂場可能是妳和夢中情人邂逅的地點。

選擇C

妳一直都是一個乖乖女，從來不會違背父母或老師的意願去做一些事情。其實，妳的他就在妳的身邊，說不定他就是那個鄰家哥哥，也可能是班裡那個經常給妳獻殷勤的陽光大男孩哦！所以，多注意觀察一下，說不定妳就會和身邊的他擦出愛情火花了呢！

選擇D

妳具有典型的學院氣息，在看書學習之餘，妳渴望一抬眼就看見心中的那個他。妳心裡一定渴望邂逅那個在圖書館裡伸手與妳去拿同一本書的男子吧！

他 是妳的白馬王子嗎

　　一次外出旅行，不小心走進了一座原始森林，周圍傳來了各種動物的叫聲，妳覺得非常恐懼。恰在這時，在妳前面不遠處有一隻動物走過，憑直覺，妳認為牠最可能是什麼動物呢？

A · 一條靈活機警的蛇

B · 可愛的小浣熊

C · 一頭兇狠的野狼

D · 乖巧的小松鼠

測 驗 結 果

選擇A

　　蛇是智慧的代表，而且靈活機警。選擇蛇的女孩子，往往比較欣賞思維敏捷、睿智的男人。因為妳希望能夠從他身上學到為人處世的技巧和智慧，而且希望透過他來提升自己，並能夠與他長期做精神上的伴侶。

選擇B

浣熊是比較乖巧溫順的。選擇浣熊的女孩子，希望能夠找到一位溫柔體貼的男子，妳渴望他常常會帶妳去遊樂場，感受童話般的樂趣。最重要的是，妳希望他能夠包容妳所有的缺點和不足，並主動關心發生在妳身邊的每一件事。

選擇C

野狼是兇狠的，是桀驁不馴的。生活中的妳，渴望自己的戀人擁有非常獨特的氣質，最重要的是外型、表情一定要「酷」。如果有機會遇到這樣的男子，妳一定會窮追不捨，不追到手，絕不甘休。

選擇D

小松鼠會帶給人精靈活潑的感覺。做出這種選擇的女孩子，肯定是超級喜歡開朗活潑的大男孩，而且妳希望這種類型的男孩子能夠在妳心情鬱悶的時候想辦法讓妳的心情變得好起來。

一　封信測出他的喜好

　　假設某天他收到一封信，可能是一封密函，也可能是別人寫給他的情書，總之，不可以讓妳看到。這時，他可能會選擇把信藏在哪裡呢？

A · 書本裡
B · 衣櫃中
C · 相框後面
D · 床褥底下
E · 食品盒裡

測　驗　結　果

選擇A

　　書本是智慧和知識的象徵，假如他選擇把信放在書本裡面，代表著他喜歡見多識廣、通情達理的女孩子。

　　一般來講，他自身就充滿著求知欲，因此他渴望自己的另一半也是如此，這樣兩個人才能夠在精神上進行溝通和交

流；另外，讀書的女子一般都通情達理，善解人意，這點也正是他喜歡的。所以，如果妳在這方面欠缺的話，趕快去彌補吧！

選擇B

如果他毫不猶豫地就選擇將信藏在衣櫃中，則代表他喜歡乾淨整潔的女孩子，他可能不會要求妳打扮得多時尚，但是必須素淨，一看就是一個很注重自身形象的女孩子。

所以，如果妳不修邊幅，也不注重自己的外在形象，他可能就會很討厭妳的。

選擇C

選擇把信藏在相框後面的男人，往往對藝術有著極高的興趣和造詣，所以他也希望他的另一半能夠與自己分享。

所以，妳不妨多參加一些藝術活動，來提高自己的藝術品味，這樣才能夠更加吸引他的目光！

選擇D

選擇這個選項的男人，在生活中往往處於被動的地位，但是他卻喜歡在各方面都較為主動的女孩子。

因為床褥是較為私人的物品，代表著他不習慣與人分享他的心事，但是它內心卻渴望有人能夠走近他、理解他。

選擇E

假如他會把信放在食品盒裡，就代表著他是一個頗為保守的男人，做什麼事情都求一個「穩」字，如果計畫不周全，他是不會行動的。

但是，他喜歡對飲食頗有研究的女孩子，最好會做也會吃。

如　何讓喜歡的他「上鉤」

　　如果妳無意中知道暗戀很久的男孩子喜歡妳的一個好朋友，而且他想讓妳幫忙說服妳的朋友去接受他。這時，妳會怎麼做？

　　A．讓他知道妳的想法，也讓他知道妳的落寞和傷心

　　B．裝作若無其事、很大方的樣子

　　C．和他保持一點距離，把對他的感覺放進心底，成為一個祕密

　　D．仍像以前一樣去喜歡他，必要的時候還是會幫助他

測　驗　結　果

選擇A

　　妳肯定是個大小姐。只要對方夠愛妳、疼妳，就算他有大男子主義，妳也能接受。遇到喜歡的人時，可以多撒嬌，故意找他幫忙或是和他做一些他喜歡做的事情，然後找機會謝謝他，約他出來看電影或吃飯，並適當加一些甜言蜜語。

選擇B

妳是一個成熟穩重的女子，將來肯定是賢妻良母。在事業中，妳出類拔萃，多居領導地位，不輕易服輸，有時候得罪朋友也不知道。要想吸引意中人的目光就需要讓他注意到妳的清晰頭腦，並且多瞭解男生的話題，最好先由無話不談的朋友做起，然後等他上鉤!

選擇C

妳是一個能夠與人和睦相處的女子，有著良好的人際關係。在戀愛方面，妳的自尊心特別強，而且有著很好的耐力，因此，如果遇到自己心中的白馬王子，最適合採用的方法是有條不紊地展開攻勢。可以先瞭解他的基本資料，然後結識他的朋友，同時表現出他喜歡的一面。

選擇D

妳是一個充滿魅力的女子，十分完美。但是，有的時候妳會有一點小馬虎。如果遇到妳喜歡的男子，建議妳適當露出一點缺點，適當裝笨，因為很多男生都有大男人心態，妳太十全十美，他們反而會望而卻步。

妳　相親的成功率有多高

　　1. 妳和朋友約好了去看魔術表演，結果馬上就要開場了他還沒到。在妳不斷張望時，前面有個陌生人向妳徑直走過來，妳覺得他可能是：

　　A‧魔術表現者（2分）

　　B‧可能是認錯人了（1分）

　　C‧精神病患者（0分）

　　2. 進了表演大廳，妳發現：

　　A‧座位號是雙號（3分）

　　B‧座位號是單號（1分）

　　C‧竟然發現自己的票掉了（0分）

　　3. 在演出的過程中，魔術師請觀眾上臺協助表演，妳認為誰最有可能上臺：

　　A‧小孩（2分）

　　B‧老人（1分）

　　C‧青年（0分）

4. 妳沒有想到，戴著面具的魔術師竟然讓妳與他一起表演。妳認為他最有可能給妳的道具是：

A · 一件上衣（2分）

B · 一頂帽子（1分）

C · 一隻鴿子（0分）

5. 你們一同表演時，魔術師變出了一樣東西，妳認為最大的可能是：

A · 什麼都沒有，而且妳的髮夾不翼而飛（2分）

B · 一副撲克牌（1分）

C · 一群美麗的鴿子（0分）

測　驗　結　果

把妳各個選項的得分相加起來，便是妳的總得分。

10分以上：妳相親的成功率高達70%

一般來講，妳對相親並不熱衷，妳認爲只有透過自然而然地交往，才能夠尋覓到自己的真愛。所以，相親時妳會對對方非常坦誠，而且還可能會流露出一種可愛的、慵懶的、別具一格的嫵媚氣質，讓對方感覺跟妳在一起很舒暢、自

然，難免會對妳產生好感。因此，只要情緣有益，妳可以稍加努力，這未嘗不是一件好事。

5～9分：妳的相親成功率為50%

一般來講，如果遇到自己喜歡的人，妳會幻想著如何與他接近，但是妳只是想一下，很難付諸實際行動。這樣一來，就很容易和對方產生一定的距離。在妳的猶猶豫豫、左右徘徊中，妳可能失去了向他表白的最後機會，他可能就會成為別人的情郎。因此，心動不如行動，好好把握機會吧！

0～4分：妳的相親成功率為30%

妳生性急躁，缺乏耐心，因此並不太適合相親。不過，妳會認真地對待每一個相親的對象，因此每一次相親時，妳都會對自己的穿著打扮、言行舉止十分在乎，希望能夠以此牽動對方的眼球。其實，妳主要原因在於自卑，只要妳對自己多一點信心，他離去的腳步可能就會在妳身邊停留。

丘　比特之箭會繞過誰

　　到朋友家做客，午飯之後，為了打發閒暇的時間，有朋友提議要小賭一把。這時妳會選擇哪一種方式？

A・打撲克牌

B・打麻將

C・擲骰子

D・大富翁

測　驗　結　果

選擇A

　　妳最討厭那些沒有責任感的男人。可以說，妳本身就是一個責任感極強的女子，不管是對自己還是對別人，妳都會盡到自己應該盡的那份責任，絕不會逃避和推脫。因此，妳會自然而然地要求妳的另一半負有責任感，否則，妳會離他遠遠的，唯恐避之不及。

選擇B

自然條件太差勁，尤其是很難養眼的男人會讓妳第一眼就排斥。可以說，妳是典型的以貌取人。如果對方風流倜儻，英俊瀟灑，則往往會吸引妳的目光；反之，如果對方長得實在太抱歉，妳看都不會看一眼的，更不要提和他交往。

選擇C

性愛技巧太遜色的對象會讓妳覺得無奈而排斥。不可否認，妳認為愛情是每個女性生命中最重要的東西，但是如果缺少性愛，就如同是感情中缺少了潤滑劑，所以，如果對方的性愛技巧太過於遜色，即使他的其他條件再好，妳也很難能夠接受。

選擇D

妳最討厭那些滿嘴油腔滑調的人。相對而言，妳比較中意那些真誠的人，儘管他可能不會說甜言蜜語，但會給妳足夠的安全感。而且妳個性坦率單純，認為感情世界越簡單越好，這樣反而會是最甜蜜的。妳最不能忍受的就是複雜的感情關係。

撕 開白紙看他是什麼樣的人

A‧不準備把紙撕開的人

B‧將紙平均撕成兩半的人

C‧在紙的一端撕下一小部分的人

D‧將紙分成三到四份的人

E‧將紙撕成很多碎片的人

測驗結果

選擇A

他可能是一個不太懂得表現自我的人，難免會對妳流露出一種漠不關心的神態，但是在他的內心，對妳是非常憐愛的。因此，妳不要一味地否決對方對妳的愛，要給他一個機會，並引導他學會表達。

選擇B

對方的個人意識比較強，他認為兩個人在一起，不應該相互依賴，即使是女性，也不應該依賴自己的丈夫。相對來說，獨立的性格比較適合他。

選擇C

他是一個忌妒心比較強的男人，而且多疑。如果妳和他已經確定了戀愛關係，妳可能會發覺，即使是妳和妳的同學或者朋友在一起，他也會顯出強烈的忌妒心，而且會對妳的忠貞表示懷疑。

選擇D

可以肯定，這是一個對妳忠貞不渝的男子。即使你們天天在一起，他也會每天晚上給妳打電話，如果沒有什麼要緊的事，他會像糖一般黏著妳。但應該注意，甜蜜的背後，請儘量自設私人空間。

選擇E

他是一個超級花心的人。他將白紙撕成很多碎片，代表著他的心有很強的佔有欲，而碎片代表女孩子的數目，也在某種程度上代表著他花心的程度。

他　值得妳託付一生嗎

　　妳和男友去逛公園，在公園的門口，一個打扮時髦的女孩一直看著妳的男朋友微笑，並且還和他揮手打招呼。可是妳的男朋友告訴妳說，他實在記不起這個女孩是誰了，這時他的心裡會認為發生了什麼事？

A·可能只是她認錯了人而已
B·可能是剛才丟了什麼東西，被她撿到了吧
C·反正我不認識，而且她可能不是什麼好女孩子
D·她搞不好是個星探呢，正好發現了我

測 驗 結 果

選擇A
　　他可能不是太體貼的，但是絕對是個負責任的好丈夫。但是他可能會存在一點大男子主義，絕不肯去做洗衣刷碗之類的事情，即使是在妳生病的時候。不過，他會毫無怨言地為妳處理一些對外的麻煩事。

選擇B

他是一個事事都非常順從妳的男子，但是不管在什麼方面，總是比較被動，只有在妳的指點或者命令之下，才會想起去做某些事情。

選擇C

他絕對是世界上最好的丈夫，在生活中會把妳照顧得無微不至，而且還會努力賺錢養家。他認爲好男人絕對不會讓心愛的女人受一點點傷。這樣絕版的男人，妳一定不要錯過哦！

選擇D

他是一個自信心很強的男子，但是因爲習慣妳的照顧，他可能不會幫妳做任何家務。不過，在其他方面他很體貼、很合格，心思也很細膩，例如，他可能會在回家的路上給妳帶一些妳最喜歡吃的巧克力。

為 什麼他還沒有出現

1. 妳平時是否喜歡吃零食？

A · 我的嘴巴幾乎沒有閒過

B · 偶爾，因為我擔心自己的身材會走樣

C · 很少，我不怎麼喜歡吃零食

2. 如果有機會，妳會選擇做那個故事中的女主角？

A · 白雪公主

B · 灰姑娘

C · 睡美人

3. 妳平時對美容方面的雜誌感興趣嗎？

A · 十分感興趣，經常買回來看

B · 偶爾會翻看一下

C · 基本不看這類書籍

4. 妳是否找過專門的設計師來設計髮型？

A · 經常如此

B · 很少，大多只是燙染而已

C · 沒有，只要整理整齊覺得好看就可以了

5. 妳通常喜歡怎樣佈置自己的臥室？

A · 亂亂的可愛的小窩

B · 喜歡用單一色系來佈置

C · 乾淨、整潔

6. 妳覺得自己是一個很喜歡花錢的女人嗎？

A · 自己是個典型的「月光公主」

B · 偶爾會亂花錢

C · 不是，我對金錢有著很好的計畫

7. 妳覺得找多大年齡的男朋友比較適合妳？

A · 比我小的，這樣可以不用被他管

B · 比我大的，會感覺比較安全

C · 大小無所謂，關鍵是兩個人彼此相愛

8. 妳平常喜歡運動嗎？

A · 喜歡，經常會去健身房

B · 偶爾會去操場打打球

C · 不喜歡

9. 學生時代妳是否有外出打工的經驗？

A · 有，經常會參加一些促銷活動

B · 有過做家教和代課老師的經歷

C · 沒有

10. 如果妳突然中大獎了，妳會怎麼花掉這筆錢？

A · 買很多很多自己想要的東西

B · 捐給慈善機構

C · 不知道怎麼處理，找朋友想辦法

測　驗　結　果

選A得1分，選B得3分，選C得5分，根據妳的選擇計算妳的總得分。

41～50分：

妳總是認為自己是一隻醜小鴨，嚴重缺乏自信，因此往往失去很多結識異性的機會。

31～40分：

妳本人喜歡做作，在他人看來，妳的表現帶有一定程度上的虛偽性，因此常常會使異性對妳敬而遠之。

21～30分：

生活中的妳太過於矜持，總希望心儀的他大方一點，主動一點，自己往往處於被動的地位，給人很冷的感覺，他也因此感覺不到妳的溫暖。

10～20分：

妳是一個眼光極高的女子，總是覺得自己會遇到一個各方面都非常優秀的男人，因此在妳不斷地挑剔中，他們也不斷地從妳身邊溜走。

青 春痘占卜愛情

正處於妙齡青春的妳，突然有一天照鏡子時發現惱人的青春痘又出來了，仔細看一下，妳臉上的青春痘長在什麼位置？

A · 鼻樑上
B · 眉毛間
C · 眼睛旁
D · 鼻頭上

測 驗 結 果

選擇A

妳的愛情運勢不佳。鼻樑上出痘子，代表身體狀況不太好，說明妳這段時間特別容易疲勞。同時妳的愛情運也不太好，即使妳對自己喜歡的人表白，也可能會遭到拒絕。建議妳先把自己的身體養好。

選擇B

妳現在處於戀愛最佳期。眉毛間的青春痘代表相思。此時如果妳正在戀愛中，則你們的愛情會特別甜蜜；如果還是單身，此時向意中人表白則是最佳良機。

選擇C

妳將會得到幸福的愛情。此時，如果有朋友向妳介紹對象，由於妳的態度積極，妳可能會得到幸福的愛情。如果下巴能夠再長出一個青春痘，則代表你們的愛情會更深刻、更甜蜜。

選擇D

代表妳在愛情中容易被人欺騙。鼻子上長青春痘則代表在愛情中妳很容易上當受騙，被並不適合妳的異性引誘，妳可能向來討厭他，但是此時會退而求其次地接受他，但之後隨著你們之間出現的問題越來越多，妳可能就會後悔自己當初的選擇。

如 果一星期有八天

先人把一星期制定為七天，現在如果有一個機會，讓妳增加一星期的天數，妳最想增加的是星期幾？

A · 星期日
B · 星期五
C · 星期三
D · 星期一

測 驗 結 果

選擇A

妳是典型的愛情至上派。對妳來說，工作是生活中可有可無的事情，如果必須得做，也是迫不得已，爲了謀生。而愛情則是生命中的全部。但是要明白，感情不能當飯吃，畢竟生活中沒有了麵包，愛情也是不能夠堅持多久的。

選擇B

妳是典型的愛情和工作兼顧派。妳喜歡有規律的生活，認為愛情和工作在生命中缺一不可。因此，在妳的人生規劃中，妳將愛情和工作放在同等重要的地位，不會顧此失彼。

選擇C

在愛情和工作之間，妳搖擺不定。在妳的生命裡，如果愛情來了，妳就會奮不顧身地撲過去，一旦愛情消失了，妳可能會選擇把更多的精力投入到工作中去。

選擇D

妳是一個典型的工作至上派，為了工作妳甚至可以選擇放棄愛情。因為

星期一是很多人最頭疼的一天，妳選擇增加這天，則代表在愛情和工作之間，妳覺得工作能夠給妳帶來很大程度上的安全感，而愛情則是可有可無。

誰 是令妳傾倒的男孩

假設有一天早上，妳起床後扭開水龍頭，發現流出來的水的顏色十分奇怪，妳認為會是什麼顏色？

A · 黃色
B · 白色
C · 紅色
D · 綠色

測 驗 結 果

選擇A

妳比較青睞那些情緒化的大男孩。妳是一個具有強烈母性的女孩子，雖然情緒化的男孩子多會讓人抗拒，但是對妳來說卻具有一份特殊的魅力，而且妳會發揮妳的母性本質來安撫他，如果能夠做到這一點，則會給妳帶來很大的滿足感。

選擇B

妳比較鍾情那些一本正經的成熟男人。對妳而言，花言巧語只能騙得過一些青春期的小女孩，而坦蕩、成熟、一本正經的男人才會給妳帶來很大程度上的安全感，即使他有時候會比較木訥，但是他的真誠和坦蕩，會讓妳對他死心塌地。

選擇C

熱情活潑的男孩往往是妳的首選。妳肯定是一個非常內向害羞的女孩子，妳渴望改變自己的這種狀態，因此熱情活潑的男孩子便是妳的首選。同時，這類男孩大多豁達樂觀，不會斤斤計較，妳也非常迷戀他這一點。

選擇D

妳比較喜歡沉默的男孩子，因為這類男孩子會帶有某種神秘感，而妳又喜歡發掘人的本質。對妳而言，他的這種沉默和神秘可能會讓妳神魂顛倒。

妳 的他是一個什麼樣的人

1. 在吃飯之前，他會擺筷子嗎？

A‧不一定（3分）

B‧會（5分）

C‧拿起來就用（1分）

2. 他在吃飯的時候挑食嗎？

A‧不太清楚（3分）

B‧從來不（5分）

C‧會（1分）

3. 吃東西喝東西的時候，他會

A‧慢條斯理（1分）

B‧迅速解決（5分）

C‧正常速度（3分）

4. 他喝酒的時候有什麼特殊的習慣嗎？

A‧沒有（3分）

B‧發出很響的聲音（5分）

C‧慢慢地喝（1分）

5. 喝咖啡或紅茶時，他放糖或放奶粉的方法是什麼？

A‧放很少（1分）

B‧不太清楚（3分）

C‧兩樣都加很多（5分）

6. 在飯店付帳時，他從哪裡掏出錢？

A‧從長褲的口袋中拿出錢包（3分）

B‧從胸前口袋的皮夾中拿出（5分）

C‧找了很久之後才找到（1分）

7. 他口袋裡的香煙是什麼牌子的？

A‧煙斗或雪茄（1分）

B‧國產香煙（3分）

C‧進口香煙（5分）

8. 面對無聊的騷擾，他會：

A‧發火（3分）

B‧問清楚（1分）

C‧不理會（5分）

9. 他內心的情緒會寫到臉上嗎？

A‧不會表現出來（1分）

B‧不會特別表現出來（3分）

C‧立刻表現出來（5分）

10. 一聽到走路的聲音，妳就知道是他來了嗎？

A‧他的走路聲音很大，很有個性（5分）

B‧沒有什麼特殊之處（3分）

C‧走路一點聲音也沒有（1分）

11. 與別人說話時，他的手通常會放在什麼地方？

A‧在背後（5分）

B‧手在胸前交叉（1分）

C‧弄口袋裡的東西（3分）

12. 一起並肩走時，他的手會怎樣？

A·有時會碰觸妳的手（5分）

B·除了手之外，身體他都會碰觸（1分）

C·完全不會碰觸妳，或不知道（3分）

13. 在等公共汽車時，他的手通常會怎樣放？

A·手放在臀部附近（3分）

B·平行放下（5分）

C·雙手交叉放在胸前（1分）

14. 他坐椅子時的樣子？

A·靜靜地、慢慢地坐下（1分）

B·沒有什麼特殊之處（3分）

C·發出聲音才坐下（5分）

15. 坐在椅子上，他的腳會怎樣放？

A·兩腿合併（3分）

B·兩腿張開（5分）

C·蹺著腳（1分）

16. 與別人說話時，他的頭通常會怎樣？

A‧習慣性地斜向一邊（1分）

B‧平視前方（5分）

C‧會低頭（3分）

17. 與別人談話時，他的眼神通常會怎樣？

A‧凝視對方的眼睛（1分）

B‧有時會閉上眼睛（5分）

C‧看向別處（3分）

18. 他的笑有什麼特點？

A‧爽朗的笑聲（5分）

B‧不出聲的笑（3分）

C‧不經常笑（1分）

測　驗　結　果

計算妳的總得分，對照是哪種類型。18分～32分（A型）；33分～50分（B型）；51分～70分（C型）；71分～90分（D型）。

A型：衝動型，是非善惡，愛恨分明都明顯表現

他對人的好惡非常明顯，遇到跟自己合得來的人，他會對人家非常好；而遇到和自己合不來的人，他會表現得非常厭煩。並且他非常容易受心情的影響，只要一遇見不高興的事情，做什麼事情都會帶上情緒。當然，在你們約會的時候，通常會以同事和工作為話題，有時會突然想到某件事情而去打電話。

他非常有能力，卻運氣不好，但是他一直想要做出一番事業證明給妳看。他不太注意外表，但他會覺得人的內心才是最值得注意和讚賞的。

B型：路見不平、拔刀相助型

只要看到別人遇到什麼麻煩，他一定不會袖手旁觀，和誰都能合得來，經常和朋友稱兄道弟，屬於八面玲瓏型。他很容易答應別人，但事後卻又往往沒有切實實行。

每次和朋友同事聚會，他都會很熱情地幫忙組織參與，不過事後又喊好忙好忙。他很喜歡小孩，在大家面前牽女孩子的手他也會害羞。不管什麼事情，他往往考慮的比較簡單，沒有什麼心機。

C型：孤高清傲型

他很可能是一個很優秀的人，會有很成功的事業。不喜歡華麗的東西，給人素淨的感覺，但是往往很頑固。對自己充滿信心，對別人要求也很嚴格。如果有什麼失誤，他一定不會原諒別人。

他性格內向，頭腦很好，不喜歡平凡的東西，希望能夠得到周圍人的肯定。他比較喜歡安靜，你們約會也多半喜歡去咖啡店喝咖啡，或是到比較清靜高雅的地方逛逛。

D型：性格謹慎卻在感情上嚮往激情的雙重性格

他給人的第一感覺總是踏實可靠的，不管做什麼事情，都會考慮到別人的想法之後才行動。他絕對不會冒險，小心謹慎，在工作崗位上會受到老闆的信任和器重。他公私分明，不喜歡妳打電話到公司。

通常，他給人很老實的感覺，但是對喜歡的女性卻會很熱情，同時會把對方當聖母瑪麗亞般的理想化。上、下車的時候，他會很體貼地照顧妳，還會送花、寫情書。

一般來講，他比較安靜，但只有兩個人的時候，他會暢談他的人生觀及將來的夢想，他會深情地看著妳，談他的過去。另外，他很容易對像自己母親及初戀情人的人一見鍾情。

測　一測妳和他的心理契合度

下面的四個字當中，選擇一個在妳心目中與「雨」搭配最合適的一個字。

A·雪
B·雷
C·雲
D·霧

測　驗　結　果

選擇A：恭喜，你們兩個的心理契合度為90%
雖然你們在一起已經相處很久，但是你們並沒有因此產生厭倦感和疲憊感，相反，朝朝暮暮的相處，使你們覺得兩個人已經是一個整體，密不可分，正如雨雪交融。

選擇B：你們兩個的契合度為60%

妳和他可謂是一對歡喜冤家，可以說，即使你們兩個不在一起，如果能夠三天不發生爭執，也是一件罕見的事情。不過，你們兩個吵過架之後很快就會和好，你們的感情也是一樣，來去匆匆。因此，一定要避免在感情中發生衝突。

選擇C：很遺憾，你們兩個的心理契合度僅僅有30%

可能是因為你們兩個在一起的時間太長了，以致雙方都太熟悉了，逐漸失去了開始的時候所具有的新鮮感。所以，你們現在需要做的是要想辦法給你們的生活注入新鮮的汁液，尤其是愛情，千萬不可讓它在日復一日中蒙上灰塵。

選擇D：值得警惕，你們兩個的心理契合度只有10%

簡單來說，可能是你們兩個之間出現了誤會，從而導致了某種程度上的信任危機，接下來將有可能導致冷戰。建議你們趕快調整這種狀態，如果實在不能夠改變，最好選擇早點分手。

你 們在一起會不會幸福

如果某天，男友邀請妳去看一場他心儀已久的電影，而妳已經和朋友約好要去參加她的生日聚會，此時妳會選擇？

A·參加朋友聚會，告訴男朋友這是很早之前和朋友約好的事情，不能反悔

B·去參加朋友的生日聚會，因為這個約在前

C·根據男朋友的誠意決定

D·先去參加朋友的宴會，早點回來和他去看電影

E·找個藉口推託朋友的邀請，和他一起去看電影

測 驗 結 果

選擇A

你們兩個之間的關係現在已經處於一種非常明朗化的狀態，但是有時候妳會感覺你們之間似乎還隔著一層若有若無的薄霧，雖然只是一步，但是相距卻很遙遠。其實你們有著堅定的愛情基礎，努力向愛情的頂峰前進吧！

選擇B

可以說，妳現在是世界上最幸福的女人了，因為妳和他之間有著充分的理解和信任，不過如果能夠再努力一把，則可能會有更圓滿的結局。

選擇C

最近妳是不是經常夢見桃花啊！妳現在有新的追求者，不管是明戀還是暗戀，他都會給妳帶來十分愉悅的感覺。閒下來的時候，權衡一下利弊，思考一下自己跟誰會更適合。

選擇D

妳似乎總喜歡做個愛情的旁觀者，不斷為他人的愛情或喜或悲。如果妳能夠保持一顆平常心，冷靜地處理感情上的問題，則能夠與他共同創造出屬於你們的幸福。

選擇E

你們在一起過得實在是太辛苦了，妳現在身陷牢籠、為情所困，相信也一定是精疲力竭了吧？所以，不妨停下腳步，仔細思考一下妳身邊的這個人是否真的值得妳去愛。想通之後，妳自然知道應該怎麼做了。

妳 的愛情倦怠期有多長

　　時間久了，對於愛情妳可能就會感覺到視覺疲勞，進而厭倦。不妨來測試一下，看看妳的愛情倦怠期有多長？如果已經臨近，及時採取措施常常可以挽救妳即將失去的愛情哦！

1. 妳經常把零錢放進儲蓄罐嗎？

是的，前進至3； 不是，前進至2

2. 即使熬夜妳也試圖保持自己光鮮亮麗的外表嗎？

是的，前進至4； 不是，前進至7

3. 妳是不是很想或者曾經去過狄斯奈樂園？

是的，前進至6； 不是，前進至5

4. 妳喜歡的異性是不是大都屬於一個類型？

是的，前進至7； 不是，前進至6

5. 妳是不是很久都沒有去過電影院了，只在家裡看一些影帶或影碟？

是的，前進至9； 不是，前進至8

6. 妳認為妳和婆婆能夠相處得來嗎？

是的，前進至8； 不是，前進至9

7. 妳會買一些以前從沒有吃過的食品吃嗎？

是的，前進至11； 不是，前進至10

8. 妳相信超能力嗎？

是的，前進至12； 不是，前進至13

9. 冬天，妳喜歡用電暖器嗎？

是的，前進至12； 不是，前進至13

10. 妳是不是認為現代社會，愛情的忠貞已經落伍了？

是的，前進至13； 不是，前進至14

11. 最近妳是不是又認識了很多閨中密友？

是的，前進至13； 不是，前進至14

12. 妳的房間裡面是不是亂七八糟地塞滿了很多東西？

是的，前進至19； 不是，前進至15

13. 妳是不是保證內衣褲每天一定要換？

是的，前進至16； 不是，前進至15

14. 妳有沒有堅持記日記的習慣？

是的，前進至17； 不是，前進至16

15. 妳是不是經常穿一些比較休閒類的服裝，不願意穿那些正規的淑女裝？

是的，A類型； 不是，前進至18

16. 聽歌時，妳是不是喜歡聽那些排行榜上的歌曲？

是的，前進至20； 不是，前進至19

17. 妳是不是有健忘症，常常丟三落四的？

是的，E類型； 不是，前進至20

18. 妳是不是很喜歡那些毛茸茸的布娃娃？

是的，A類型； 不是，B類型

19. 看一些推理劇時妳是否通常都能夠找出兇手是誰？

是的，C類型；　　不是，B類型

20. 妳很想學溜冰嗎？

是的，E類型；　　不是，D類型

測　驗　結　果

A類型

　　妳是一個情感細膩，觀察力敏銳的女孩子，別人舉手投足、一顰一笑都能夠感染到妳的情緒。在愛情方面，剛剛確立關係時，會認爲對方是最完美的，等到結識半年左右，便開始難以忍受對方的缺點，只好選擇分手。

B類型

　　妳是一個溫柔體貼的女孩子，而且對自己的各方面都十分自信，凡事喜歡用直覺判斷。選擇對象時，如果第一眼不喜歡，就很難再看他第二眼。愛情倦怠期大概在三個月左右。

C類型

妳是一個安分守己的女孩子，不管是工作還是生活，妳認為穩定就好，不奢望出人頭地，也不奢望比別人過得好多少，認為平凡、穩定就是福。在感情方面，妳通常會找那些「一勞永逸」的人，希望能夠談一談戀愛就結婚，愛情倦怠期大概是兩年。

D類型

生活中妳是一個十分聰明的女孩子，往往能夠從別人的眼神和語言中洞察人心，並博得別人的喜愛。和戀人相處時，往往他還沒有說話妳就知道他要做什麼了，是個典型的戀愛高手。愛情倦怠期不固定，往往會根據心情而定。

E類型

妳是一個心地善良、樂於助人的女孩子，和妳相處，對方往往會感到很舒服。在感情方面，剛開始的時候妳會對愛情有著極大的憧憬，認為它會給妳帶來以往所沒有感受到的幸福和甜蜜，但久而久之，妳會對愛情逐漸冷卻。愛情倦怠期大概是一年。

你 們的愛情
為什麼只開花不結果

擦窗戶玻璃時，妳被一聲巨響嚇了一跳，發現是陽臺上的一盆花掉下去摔碎了。憑妳的直覺，妳認為是什麼原因導致花盆掉下去的呢？

A·是家裡養的那隻淘氣小狗

B·被窗外的不明飛行物砸下來的

C·是自己擦玻璃時不小心碰下來的

D·被風吹下來的

測驗結果

選擇A

選擇這個答案的女孩子大多比較有個性，且思想深刻。即使她很喜歡這個人，也可能會因為思想觀念不合而放棄對方。總而言之，愛情只開花不結果的最大原因是雙方「個性不合」。建議妳對對方多一點寬容和理解。

選擇B

過分追求完美是導致你們愛情失敗的主要原因。在妳眼中，對方永遠達不到妳所要求的標準，所以多數情況下妳會選擇離開，而且不會告訴對方妳離開的原因。

選擇C

給對方造成的壓力過大是導致你們愛情沒有結果的主要原因。不可否認，妳是一個很能幹的女性，而且樂於為對方付出。但是另一方面，妳總是渴望戀人能夠出人頭地，比身邊的人更出色，更優秀，這給他帶來極大壓力，他可能會為了逃避壓力而離開妳。

選擇D

妳做事開明，為人和善。在妳看來，凡事發生必有原因，與其逃避不如面對現實，所以不管你們之間發生什麼事情，妳都會選擇透過和戀人溝通和交流來解決問題。說實話，如果能夠和妳這樣的女孩子生活在一起，實在是人生的一大幸事。

妳 的愛情佔有慾有多強

　　春節來臨之際，走在大街上，妳發現不管是大超市還是小賣部，都在做各種促銷活動，於是妳也在無意中加入了採購的大軍。逛完幾個商場之後，妳發現自己又累又渴，恰好妳面前的販賣部裡有三種飲料，妳會選擇哪一種？

　　A·巧克力奶昔
　　B·礦泉水或純淨水
　　C·柳橙汁

測　驗　結　果

選擇A

　　妳的佔有慾極大，簡直無法用百分比來表示。

　　一般來講，平時生活中妳並不會特別地渴望愛情，但是一旦妳品味到愛情的甜蜜時，妳會不管一切地去追求。

　　為了愛情，妳甚至可以付出自己的一切，並且妳也渴望能夠擁有同等的回報，如此一來，妳很容易給對方造成壓

力，且兩個人都沒有活動的空間。建議妳放鬆點，這樣反而會達到「欲擒故縱」的效果。

選擇B

妳的佔有慾高達95%。

從表面來看，妳是一個溫柔恬靜、無慾無求的女孩子，但是在內心深處，妳則希望自己能夠控制住對方，內心也巴不得能夠天天黏著對方。妳的佔有慾極強，會在很短的時間內將對方套死。

選擇C

妳的愛情佔有慾只有10%。

怎麼說呢，妳對愛情並不特別在意，一旦嘗過愛情的甜頭，妳不會再去追求更多，而是選擇扭頭就走。和戀人相處一段時間後，妳可能會因為對他太過熟悉而選擇分開。

你 們的戀情潛伏著危機嗎

一直沉浸在熱戀中的妳，在某一天卻突然覺得戀人沒有以前對妳那麼熱情了，和妳說話有時候也會顯得不耐煩。當有這種情況出現的時候，妳會不會感覺你們的戀情潛伏著某種危機呢？不妨來做一下下面的這個測試。

1. 你們在一起時，如果妳拒絕他的某項提議，他會不會不高興？

A · 不會

B · 沒有太注意過

C · 會

2. 除了妳之外，男朋友還有比妳更出色的紅顏知己嗎？

A · 有，他們經常在一起

B · 不太清楚

C · 沒有

3. 妳和他以及他的家人、朋友、同事能夠融洽相處嗎？

A · 關係不是太好

B · 一般

C · 相處的很融洽

4. 你們曾經說過「天長地久，海枯石爛」之類的刻骨銘心的話嗎？

A · 從來沒有說過

B · 偶爾會說，但沒有這種感人

C · 說過

5. 妳和他鬧彆扭之後，他會找理由約妳出來玩嗎？

A · 從來不會

B · 記不清楚

C · 幾乎每次都會

6. 每逢情人節或者妳的生日，他會送妳一些精緻的小禮物嗎？

A · 送過，但是我並不喜歡

B · 送過，而且我也很喜歡

C · 好像沒有

7. 如果你們兩個一起上街，妳會突然間找不到他嗎？

A‧曾經有過這種情形

B‧記不清楚了

C‧沒有發生過

8. 假如你們已經分手，他看到妳和其他的男孩子談笑風生，會不會很生氣？

A‧絕對不會

B‧應該會

C‧絕對會

9. 假如妳和男朋友分手了，一次偶然的機會你們相遇，此時你們會？

A‧他假裝沒有看到妳

B‧妳會主動和他說話

C‧他主動和妳打招呼

10. 你們兩個的感情出現了問題，妳認為是他聽信了某些謠言造成的嗎？

A‧不是

B‧不太清楚

C‧是的

11. 你們在一起的時候，如果鬧了點小矛盾，妳會説一些打擊他的話嗎？

A・會

B・不知道

C・不會

12. 你們一同外出時，他是不是對妳照顧得無微不至？

A・從來不會

B・記不清楚

C・是的，經常如此

13. 之前坐在公園的長椅上，你們之間是從來不放任和物品的，但是最後一次見面，他是否把隨身攜帶的雜誌或者飯盒放在你們中間了呢？

A・是的

B・沒有注意

C・不是

14. 妳和他聊天時，他會不會突然看著妳的臉發呆？

A・沒有過

B・記不清楚

C・經常有這樣的情形發生

15. 他一直對妳的朋友、薪資等方面很感興趣，妳會都告訴他還是有所保留？

A · 有所保留

B · 視心情而定

C · 全部告訴他

測 驗 結 果

以上各題，選A得5分，選B得3分，選C得1分。計算妳的總得分。

61～75分

你們的緣分已經走到了盡頭，幾乎沒有迴旋的餘地了，不如好聚好散，各自尋找各自的幸福吧！

45～60分

你們現在已經有很深的隔閡了，他心裡甚至已經有了分手的念頭。假如妳還想挽留這份感情，那就對他多一點溫柔和關心吧！

30～44分

你們之間已經出現了矛盾，但是還沒有明朗化。如果妳認為自己不能失去他，那就找他開誠佈公地談一談，坦誠地交流和溝通之後，妳會發現你們的感情依舊是海闊天空。

15～29分

恭喜，你們之間的感情很深，暫時還沒有出現任何危機。在你們相處的過程中，你們可能會產生一點小矛盾，甚至會大吵大鬧，但不管怎樣，他心中依然在想著妳。適當地和他保持一點距離，反而會讓你們更加期待對方。另外，千萬要把握好眼前的這個男人哦，因為他很值得妳去愛。

密 碼也會洩露妳的情感祕密

　　現代社會，每個人都有一大串的密碼，妳是如何設置自己的密碼的呢？它可是會洩露妳的情感祕密哦！

A‧生日或電話號碼

B‧身分證號

C‧經常會讓它隨著心情的變化而變化

D‧誰也猜不出的奇怪組合

測　驗　結　果

選擇A

　　妳是一個很容易追到手的女孩子，在男生的眼裡，妳的挑戰性並不強。因為看妳的眼神和表情，聽妳說話的語氣就知道妳心裡在想什麼。就算剛開始的時候不能，相處一段時間後也能把握得八九不離十。

選擇B

這類女孩子警惕心比較高。所以要想贏得她的感情，最重要的一點就是一定要想方設法贏得她的信任。如果不能夠讓她產生信任感，即使追求者在其他方面做得很優秀，也不能夠獲取她的芳心。

選擇C

這類女孩子的心思往往沒有規律可言，有的時候連她自己也不知道自己到底在想些什麼。所以對於一些追求者來說，今天非常有用的招數，明天可能就失效了。不過有一招比較管用，那就是以不變應萬變，這樣常常可以給她帶來某種安全感。

選擇D

這類女孩子內心比較複雜，常常會出現一些稀奇古怪的想法，別人總是很難琢磨透。如果想要把她追到手，最有效的一招就是欲擒故縱。如果能夠時常讓她有新鮮感，或許會有很大幫助。

他 對妳是否一心一意

你們相處已經有很長一段時間了，每次和他一起出門的時候，他雙手都會？

A·牢牢地牽著妳的手

B·被妳挽住

C·摟著妳的肩膀或者妳的腰

D·插在自己的褲兜裡

測　驗　結　果

選擇A

他對妳的心絕對是百分之百的，甚至已經到了唯命是從的地步。毫不誇張地說，妳簡直是他心目中至高無上的女神，他甘心拜倒在妳的石榴裙下。不過他的嫉妒心比較強，需要小心才是。

選擇B

在你們的愛情中，一直都是妳處於主動地位，但是這並不代表他不愛妳。在大家的眼中，你們是典型的模範情侶。

選擇C

他對妳的佔有慾很強，目前對妳愛的是水深火熱，而且會主動對妳大獻殷勤。他的這種表現甚至會引起旁觀者對他的反感。但是妳很欣賞他，願意為他付出妳的一切。不過，需要提醒的是，小心慾望滿足之後，他會逃之夭夭。

選擇D

其實在他的心中，更想與妳做回好朋友或者是紅粉知己。如果妳想進一步與他交往，就需要付出很大的代價，因為他甚至不能給妳名分。

他 對妳的好感有幾分

告訴對方，人的手指間有兩個地方一碰就癢得不得了，現在讓他把筆放在妳的指頭之間，試試看會不會令妳發癢？這個問題的著眼點並不是將筆放在那個指頭之間，而是兩隻筆之間間隔幾個指頭？

如果妳現在在咖啡廳或餐廳，也可用筷子代替筆。他可能會讓兩隻筆之間：

A · 間隔一隻手指頭
B · 間隔兩隻手指頭
C · 間隔三隻手指頭

測 驗 結 果

選擇A

你們之間已經出現了某種戀愛的徵兆，你們彼此是非常欣賞對方的。但可能是因為你們之間並不熟悉，因而對方並不敢輕舉妄動。此時，如果妳能夠讓自己的態度緩和一下，

自然就能把握住屬於你們的愛情。如果所間隔的是無名指，
那麼妳更不應該有所顧慮了。

選擇B

你們可能只能做好朋友。不可否認，你們在一起的時候
相處得很愉快，但是你們之間的感情很難向戀人之間進展。
但如果間隔的指頭中有無名指，尚有成為戀人的可能性，但
也需要合適的機會來慢慢接近他。

選擇C

很遺憾地告訴妳，你們之間真的是沒有緣分，即使是做
朋友，也非常勉強。因為你們兩個的心距離非常遙遠，即使
妳努力去靠近，也很難達到目的。因此，趕快認清現實，用
平常心來面對眼前的一切吧！

妳 會搶好朋友的男友嗎

假如妳最好的朋友戴了一對很有個性也很好看的耳環，此時妳會？

A‧告訴她，這對耳環更適合自己，讓她送給自己

B‧覺得實在漂亮，準備向朋友借過來戴幾天

C‧雖然覺得很好看，但是自己一直都不喜歡與別人戴一樣的耳環

D‧問她在什麼地方買的，自己也趕快去買同一款

測 驗 結 果

選擇A

可以肯定地說，妳是一個當仁不讓的競爭型女子，愛情方面也不例外。妳自身的條件比較優越，而且自己也有很強的自信，還懂得競爭的方法，因此常常是競爭中的勝利者。有的時候，妳為了達到自己的目的，會不擇手段。

選擇B

在和朋友的戀人相處的過程中，妳會情不自禁地向他示好，雖然妳想控制住自己的感情，但是卻有心無力。如若時機到來，妳可能會把朋友的戀人據為己有。其實，妳的感情生活是很豐富的，他不一定最適合妳，妳可能會有更好的戀愛機會。

選擇C

妳是一個隨遇而安的女子，什麼事情都不會與別人搶風頭，更不會去搶別人的伴侶，更何況是自己的好朋友的。在生活中，妳有自己獨特的品味，喜歡與眾不同，做事低調，會找一個與自己個性相投的伴侶，享受平淡的婚姻生活。

選擇D

妳絕對不會去搶屬於別人的東西，即使自己很喜歡，也會把他放在心裡。不過妳可能會以他為標準，來找一個與他條件相似的戀人。而且妳知道什麼樣的戀人比較適合妳，所以妳一定會得到屬於自己的幸福。

妳 能和相愛的人長相廝守嗎

如果妳正在回憶過去點點滴滴美好的往事，突然發現一張已經泛黃了的照片。妳覺得照這張照片的時間是：

A‧繁花盛開的春天

B‧蛙鳴蟬叫的夏天

C‧碩果累累的秋天

D‧天寒地凍的冬天

測 驗 結 果

選擇A

你們的戀情即將進入白熱化的階段，雙方都互相具有好感，只要能繼續保持這樣的關係，你們很快會成為戀人。但若想白頭到老，就需要妳花費更多的時間和精力來經營。

選擇B

你們彼此相愛，但是因為很多現實原因很難走進婚姻的殿堂，不過戀情卻在持續加溫中。只要不放棄，相信有情人會終成眷屬的。

選擇C

妳和他之間似乎還缺少一點緣分，雖然你們極力想要走到一起，但是難免會遇到各種挫折。這些挫折反過來又會給你們的愛情以重大打擊，之後你們可能會形同陌路。

選擇D

簡單來說，妳和他就如同是兩條平行線，雖然相距不遠，但是永遠不會相交。即使妳花費了很多時間和精力去追求他，最後只能是徒費精力而已。建議妳調轉一下方向，或許會遇見比他更適合妳的。

瞭 解妳生命中的那個他

在生活中，妳一定遇見過雨後天晴的時候。那時候，妳和他一起並肩攜手回家或出門，很可能會碰見一大灘水，這時候，他會怎麼辦呢？請在以下答案中選出適合他的一項，很快就能揭開謎底了。

A·四處觀察，然後擇道而行

B·頗有男子氣概地伸出雙手，抱著妳跨過水坑

C·毫不在乎，各顧各地自己先走過去

D·自己先跳過去，再回頭幫妳越過積水處

測驗結果

選擇A

他是一個極為理性的男人。他會把戀愛當成考試，如果不及格，立刻會放棄這段感情，也因此錯過不少好女孩。此外，他也相當自負，總喜歡用一種居高臨下的姿態看問題，而且極為自私，喜歡享樂。

選擇B

他是個可以為愛而犧牲一切的男人，值得妳全心全意愛他。不過他的激情很多時候只能保持三分鐘，來去匆匆，容易頭腦發熱。一旦對「舊人」溫情驟失，毅然而去。

選擇C

他有著標準的大男子主義，什麼事情都是以自我為中心，很在乎戀人的忠誠。此外，這種男人要求他的愛人自立、自強，不僅聰明能幹，還要能充分體貼、臣服於他。而且要以他為生活重心，照顧他的喜樂及生活起居上的享受。不過他有能力提供給妳物質上的享受。

選擇D

他是個光明磊落、性格坦誠的男人，做事愛動腦子，力求完美，才幹出眾。與此同時，他不會刻意討好他人，但人緣極好。在愛情方面，他是個難得的好丈夫，但做情人時，未免少了一些情調。不過，他知道如何體貼愛人，而且盡職盡責，一旦愛上某個人，變心的可能性較小。

妳 的結婚慾望強烈嗎

假設妳不幸患上某種不治之病，將不久於人世，為了不讓妳這一趟紅塵之旅有所缺憾，妳會怎麼辦？

A · 好好待在家裡，享受天倫之樂

B · 用筆寫下一生未盡的心願，希望以後會有人看到

C · 痛痛快快地玩個天翻地覆

D · 去自己曾經最想去的地方旅遊

測 驗 結 果

選擇A

妳姻緣將至，可能很快就會走進婚姻殿堂。妳是一個重視家庭、渴望親情的人，熱愛和諧美好的家庭生活。因此，妳是異性眼中最合適的結婚對象，況且妳心地純善、溫柔賢淑，會給別人帶來安全感。

選擇B

婚姻在妳生命中有著十分重要的地位，妳認爲只要有愛，就可以有一切。只要遇見一個對妳比較好的人，妳會感恩不盡，全力回報，甚至不惜以身相許，希望能同對方相伴終生。但是妳應該明白，他愛妳，並不一定會與妳結婚。

選擇C

妳的結婚慾望並不強。愛情對妳來說必不可少，但是婚姻則是另外一回事。妳過慣了自由自在的生活，「一人吃飽全家不餓」正是妳最感灑脫輕鬆之處，因此，妳的潛意識裡並不渴望結婚。

選擇D

妳對結婚一直持反對態度，其最大的原因是因爲妳沒有遇到一個完全稱心如意的對象。另外，妳是一個虛榮心很重的女人，而且對戀人的要求很苛刻，如果戀人有某一點不合妳意，妳就會心存不滿。因此，妳很難找到適合自己標準的那個人。

情 敵在不在妳身邊

如果有機會當歌手，妳希望自己成為哪一類型的歌手？

A · 玉女歌手

B · 性感歌手

C · 前衛歌手

測 驗 結 果

選擇A

　　妳的情敵可能是清純型女孩兒。這類女孩子外表清純可愛，天真無邪，說話嗲聲嗲氣，但實際上這種清純很可能就是偽裝出來的，她的目的可能是為了吸引更多男孩子的目光。因此，假如妳的男朋友身邊有這種類型的女孩子的話，千萬要多加防範哦！

選擇B

妳的情敵很可能是精明型的。妳是一個沒有任何心機的女孩子，總覺得有了男朋友便有了一切。但是，在一些精明能幹、聰明伶俐的女孩子面前，妳可能便會黯然失色。因此，不但要看好妳的男朋友，還應該注意讓自己變得聰明點。

選擇C

妳的情敵可能是「散漫型」的女孩子。在為人處事上，妳一直都保持一種嚴肅謹慎的態度，這很容易令那些自由散漫的女孩子有機可乘，因為她們能夠給男人帶來更多浪漫的感覺，包括妳的男朋友也難免會被她吸引。所以妳應該對症下藥！

妳 有多浪漫

1. 妳會給男友送什麼樣的情人節禮物？

A · 一次浪漫的燭光晚餐

B · 一件他經常提起的運動上衣

C · 自己製作的一些精緻小玩意兒

D · 一本他渴望很久的書

2. 男友希望和妳一起進行一次冒險旅遊，妳會？

A · 準備看一下天氣和地理位置再做決定

B · 猶豫，想不明白他想做什麼

C · 很願意，恨不得立刻就去

D · 不願意去，認為太危險了

3. 妳比較喜歡男友送妳什麼樣的花？

A · 999朵玫瑰

B · 一束清新的雛菊

C · 一些可放久一點的花

D · 送花？早就過時了

4. 男友為妳寫了一首情詩，妳認為

A‧妳覺得自己太幸福了

B‧天哪，這種甜蜜真讓妳陶醉

C‧覺得太神經有點不正常了

D‧真是太庸俗了，讓妳覺得很搞笑

5. 妳是不是經常生活在幻想的世界裡？

A‧是的，只有這時才會實現自己的夢

B‧偶爾會，但是妳知道那不是真正的生活

C‧很少，除非現實生活中遭受到什麼打擊

D‧不會，因為現實生活要比幻想還要美好

6. 妳最反感什麼樣的男人？

A‧從來不在乎自己的外表，絲毫沒有品味

B‧不懂得甜言蜜語

C‧當著女朋友的面和別的女孩子調情

D‧從來不知道女朋友的感受

7. 妳暗戀一個男孩很久了，會選擇什麼樣的方式來吸引他的注意力？

A‧邀他去看一場曖昧的電影

B · 給他一封語言優美、感情真摯的情書

C · 邀他一起去跳舞

D · 託他的好朋友告訴他

8. 仔細想一下，妳一共有過多少男朋友？

A · 一個，一直相愛到現在

B · 至今為止，一個也沒有

C · 五個，這個數字好像有點誇張

D · 記不清楚一共有多少個了

9. 妳上次大哭是在什麼時候？

A · 就在昨天，妳認為自己是水做的

B · 幾個星期前，因為妳失戀了

C · 在妳的印象中，不記得自己哭過

D · 記不起來了

10. 妳認為自己是一個什麼樣的人？

A · 富於幻想

B · 活力四射，充滿好奇

C · 鎮靜而謹慎

D · 瘋狂，且帶有一點兒野性

測　驗　結　果

選A得4分，選B得3分，選C得2分，選D得1分。計算妳的總得分。

34～40分

妳是一個懂得浪漫的女子，而且妳的愛人總是會因妳製造的浪漫氛圍而驚訝不已。

可賀的是，雖然妳喜歡浪漫，但是妳本人並不會被甜蜜的語言和散發著芬芳的鮮花所蒙蔽。

25～33分

世界上像妳這麼懂得浪漫的女子已經很少了。對於妳來說，生活中不能缺少鮮花、情書和燭光晚餐，而且不管戀人的甜言蜜語有多肉麻，每次聽了妳都會心動不已。

不過妳應該注意，小心被設計好的甜言蜜語所融化。

16～24分

可以肯定的是，在內心深處妳是一個十足的浪漫主義者，但是妳卻害怕把它表現出來，生怕對方會不喜歡。

　　其實，偶爾給戀人準備一份燭光晚餐或者送他一份小禮物，他會驚喜不已的。

10～15分

　　在妳的生活詞典裡，妳甚至不知道有浪漫這個詞。妳認爲所有的甜言蜜語都是騙人的，鮮花和燭光晚餐更是華而不實的東西。不可否認，生活不是童話，但是也不必把它看得像硬石一樣冷酷啊！

妳 的思想被愛情鈍化了嗎

假如妳和朋友一起去爬山，不幸的是遇到突發事件，妳最擔心遇到哪一種？

A · 發生泥石流

B · 被落石活埋

C · 不幸墜入山谷

D · 被山賊砍死

測 驗 結 果

選擇A：妳的鈍化指數是30%

可以說，妳在愛情面前還是相當理智的，但是這種理智有時候會使妳顯得缺乏激情，久而久之這份感情會變得越來越淡漠。建議妳不妨經常給自己的愛情創造一些驚喜。

選擇B：妳的鈍化指數為50%

在感情上，妳並不是一個死板的人，但是有很多禁忌。建議妳不要總是用自己的思維方式來思考問題，也應該想一下他人的感受，此外還應該學會溝通。

選擇C：妳的鈍化指數是70%

妳是一個佔有慾很強的女孩，但是對於愛情中一些突如其來的狀況，總是顯得措手不及。其實如果妳多準備一些幽默的方法來應付這些狀況，就不至於因情緒衝動毀掉一生的幸福。

選擇D：妳的鈍化指數為90%

在感情方面，妳是一個很情緒化的人，常常會做出一些讓自己懊悔的事情。其實事情沒有妳想像的那麼複雜，只是妳過於鑽牛角尖，拚命向壞處想而已。

失　戀的傷痛多久能痊癒

妳正在陽臺上晾衣服，突然一塊石頭砸在陽臺窗戶的玻璃上，妳嚇得大叫一聲。妳認為玻璃會變成什麼樣呢？

A·完好如初

B·裂了一條線

C·裂成一片蜘蛛網

D·玻璃全碎了

測　驗　結　果

選擇A

石頭砸在玻璃上，它很難不裂，但是妳在心理試圖保持它的完整。一般來講，失戀之後妳很難走出他的陰影，如果想要修復這段傷痕，至少需要一年的時間，甚至會更久。人不能總是生活在記憶裡，建議妳儘快擺脫失戀的陰影，迎接新的生活。

選擇B

　　妳就如同這塊玻璃，看起來堅強，實際傷痕一直在心裡，很難消失。對於好強的妳來說，妳可能會將傷痛化為報復，讓自己活得更好、變得更漂亮，讓他後悔。一般來講，妳需要半年的時間走出失戀的陰影。

選擇C

　　玻璃破碎的越嚴重，代表妳心中的傷痕復原的越快。剛開始失戀的時候，妳會不斷想起你們之前在一起的種種甜蜜的回憶，但是過了一段時間之後，妳的回憶會逐漸被新的生活所代替。

選擇D

　　妳的感情來得也快，消失得也快。日常生活中，妳很容易因為一點小事就墜入情網，但是等到這份感覺不對勁了，妳會選擇儘快結束戀情。一般來講，失戀並不會在妳心底留下太大的陰影，往往是大哭一場之後，妳就會感覺所有的事情都過去了。

妳 的愛情自私度有多高

如果現在讓妳選擇妳最想從事的藝術工作，妳會選擇？

A‧攝影家

B‧作家

C‧雕刻家

D‧畫家

測 驗 結 果

選擇A：妳的愛情自私指數為15%

在愛情中，妳希望彼此有互動感，只要愛人能夠給妳快
樂，妳就會給他更大的回報。而且，只要他需要，妳願意為
對方做任何付出，平常的日子裡，妳也會給對方許多意想不
到的驚喜，讓人覺得貼心。

選擇B：妳的愛情自私指數為40%

在愛情這個不見硝煙的戰場上，妳最在乎的是自己能否得到對方最真實的感情，容貌、金錢等對妳來說，都是無所謂的。妳討厭那些十分自私的人，因此在愛情中妳很會替對方著想。不過，妳有時會強迫對方接受妳的好意，這也是自私的一種表現。

選擇C：妳的愛情自私指數為75%

在愛情生活中，妳是一個非常認真的人，總是處於主動的狀態，不甘於被任何人操縱。妳常常會按照妳的想像來塑造妳的愛情形態，如果愛人能夠配合妳的想像，那麼兩個人便可以相安無事。

選擇D：妳的愛情自私指數為90%

一直以來，妳都是一個以自我為中心的女孩子，非常任性，只要是自己想做的事情就一定要做，在妳的意識裡，每個人都是應該為自己而活的。因此，妳的愛人想要改變妳並不是一件容易的事情，妳的我行我素，獨斷獨行，會讓他覺得很辛苦，很累。

妳 認為事業是男人的事情嗎

1. 工作中，妳通常喜歡和男同事一比高低嗎？

A‧是的，我相信男人能夠做到的事情，女人也一定能夠做到

B‧偶爾會，尤其是遇到一些有利可圖的工作

C‧不會，我認為女人不應該太出風頭

2. 工作的時候，妳經常依賴男同事嗎？

A‧不是，一般都是他們依賴我

B‧偶爾會，尤其是遇到一些非常棘手的問題

C‧是的，不管工作專案是大是小，我都不敢自作主張

3. 妳認為丈夫拿的薪水應該比妳高嗎？

A‧不是，一個家應該靠兩個人共同來維護的

B‧有時候會這麼想

C‧是的，因為男人是這個家的樑柱

4. 如果讓妳做個全職太太，妳願意嗎？

A‧不願意，我認為女人應該有自己獨立的生活

B‧無所謂，只要不愁吃穿，不限制行動自由

C‧願意，這樣就會少了很多奔波之苦

5. 妳對那些「二奶」怎麼看待？

A‧她們簡直是社會的寄生蟲

B‧或許她們有自己的苦衷

C‧她們的錢不是偷來的，也不是搶來的，那樣做也未
嘗不可

**6. 如果妳是一位男性，妳願意自己的老婆為了工作早出
晚歸嗎？**

A‧那是工作要求，沒辦法的事情

B‧只要她喜歡就好

C‧不願意，自己一個人賺錢就夠了

7. 妳願意為了自己的家庭放棄事業嗎？

A‧不願意，女人的生命中不僅僅只有家庭

B‧好好衡量之後再做決定

C‧願意，我認為一個女人的重心應該在家庭上面

8. 妳家的家務事平時都是誰來做？

A · 兩人平分

B · 誰有時間誰做

C · 一般都是我做

9. 妳覺得自己有能力承擔一些工作中的重要嗎？

A · 是的，我相信自己的能力

B · 不敢肯定

C · 沒有能力，得有人輔助才行

測　驗　結　果

以上各題，選擇A得3分，選擇B得2分，選擇C得1分。計算妳的總得分。

22～27分

妳認為事業不只是男人的事情，女人也應該用事業來支撐自己的整個生命。因此，妳把工作看得很重，甚至把它放在第一位。其實，女人有時候柔弱一點，反而可以看到生活中更加美麗的風景。

15～21分

妳對事業是男人的事情這一觀點不置可否，妳認為凡事應該順其自然，哪件事情重要，就應該先把它解決掉。至於工作，女人不可以失去，但也沒必要看得太重。

9～14分

妳認為事業是男人的事情。在妳的意識裡，女人天生就不應該做工作，她們應該把更多的時間放在享受生活當中。因此，如果不是生活所逼，她們可能不會出來做事。

妳 是事業型女性嗎

1. 妳是否覺得自己很有進取心？

A・是。前進到第3題

B・不是。前進到第2題

2. 比起老闆，妳是否覺得自己其實也差不到哪兒去。

A・是。前進到第4題

B・不是。前進到第5題

3. 人人都說加班辛苦，妳是否也是這麼認為？

A・是。前進到第5題

B・不是。前進到第6題

4. 妳是否覺得與其自己提出辭職，還不如等待退休？

A・是。前進到第7題

B・不是。前進到第8題

5. 妳是否很好強，喜歡和別人爭高低？

A．是。前進到第9題

B．不是。前進到第8題

6. 當妳解決了一個難題之後，是否覺得人情起了關鍵的作用？

A．是。前進到第10題

B．不是。前進到第9題

7. 妳是否總想過一種雖然並不快樂，卻很安穩的生活？

A．是。A型

B．不是。B型

8. 妳經常覺得自己的運氣很不錯嗎？

A．是。C型

B．不是。A型

9. 妳是否堅信自己能夠實現「一擲千金」的夢想？

A．是。B型

B．不是。D型

10. 妳是否覺得自己是一個很容易被打動的人？

A‧是。D型

B‧不是。C型

測 驗 結 果

A型

妳只想做個賢妻良母，對事業並沒有很大的興趣。與事業相比，妳更願意把精力放在家庭上。妳會在結婚之後選擇放棄工作，全心全意地來照顧自己的家庭。

雖然妳也會將上司安排的事情做好，但並不會藉此來讓自己出人頭地。然而，現代社會競爭日益激烈，擁有一點進取心還是很有必要的。與其依靠丈夫，不如依靠自己的力量來獲得更好的生活。

B型

雖然妳很想追求事業的成功，但是卻不想付出艱辛的努力。妳雖然很羨慕別人的成就，也很想讓自己出人頭地，成為別人羨慕的成功人士，但是妳卻並不願因此而付出太多。

妳有一種僥倖心理，覺得憑著自己的小聰明，也會抓住機會，獲得成功。然而靠僥倖是很難成大事的，「吃得苦中

苦，方為人上人」，只有付出心血和努力，才能超越別人，
取得成功。

C型

雖然妳「只問耕耘，不問收穫」，卻因此收穫頗豐。妳
的工作很努力，但目的並不是為了出人頭地，而是出於責任
心和使命感。但正是因為妳負責的態度使妳獲得了很多出人
頭地的機會。

不管做什麼事情，妳都會十分投入，因此，妳很被上司
和前輩們看好，如果妳想獲得更高的職位和權力，那將是一
件順理成章的事情。但是，缺乏野心和魄力有時也是妳的缺
點，這會讓妳在承擔要職時，力不從心、不堪重負。

D型

妳在事業上，懷著野心，有著志在必得的決心。妳非常
渴望成功，是個野心勃勃的實幹家。

妳會為了實現自己的夢想，會付出不懈的努力，對待事
業永遠不知疲倦。因此，妳經常會傾注全力去獲得各種資格
證書，在任何的場合都會積極地尋找機會。而且，妳的運氣
是比較好的，它會幫助妳在成功的道路上，披荊斬棘、勇往
直前。

妳 能否得到上司重視

　　假如妳可以隱身，可以四處自由穿梭，沒有人能知道妳在做什麼，擁有這樣無窮的力量，妳會想做什麼？

A · 搞些無傷大雅的惡作劇

B · 偷竊貴重的物品

C · 四處破壞，做一些變態的壞事

D · 接近愛慕的人

測 驗 結 果

選擇A

　　妳好像是個世外高人，辦公室裡的勾心鬥角妳永遠不會參與。每當有紛爭時，妳總會置身事外，因為妳不喜歡這種複雜的人事鬥爭，擔心自己會被捲入其中。因此，妳寧願做個安分的小職員，而這樣是很難被上司注意的。

選擇B

妳的野心很大，想要很多東西，無論權位還是利益，妳都不願放過。上司也能看出妳的野心，但只要妳有能力，還是會重用妳的。但妳首先要創造出個人的優勢，盡力表現。當然也不能過於自滿，否則也是會被老闆排斥的。

選擇C

妳的自我意識能力不錯，所以不願意受任何委屈，一旦遇到不公平待遇，就會馬上訴說不滿。這樣很容易引起上司的厭惡，所以妳最好先閉嘴，待做出一些好的成果來，然後在適當的時機，為自己謀取應該得到的利益。

選擇D

雖然妳對名利權勢有所渴望，但都是在可以理解的範圍內。日常工作中妳會控制自己的慾望，即使受到了不公正的待遇，也是會忍讓。妳比較尊重上司的威信。總之，只要努力，就一定會表現出妳的價值和貢獻。

當　老闆，妳現在夠格嗎

俗話說：「不想當將軍的士兵不是好士兵」，每個人都想要向事業最高點進軍，不管是男人還是女人，都希望自己當老闆，但是當老闆也要有當老闆的資本。想不想知道現在的妳是否夠格當老闆。以下每道題都有4個選項：

A‧經常
B‧有時
C‧很少
D‧從不

以下問題，根據自己的實際情況，做出最合適的選擇。

1. 妳是否只有在承受很大壓力的情況下才肯承擔重任？

2. 在急需決策時，妳是否總會猶豫地說：「再讓我考慮一下吧？」

3. 當妳對重要的行動和計畫做出決策時，是否總會對其後果考慮很少？

4. 當一項重要任務受到干擾和危機時，妳是否感到無力抵禦？

5. 妳是否經常對一些突發的問題或困難情形而感到始料未及？

6. 面對一些可能不得人心的決策，妳是否會尋找藉口來逃避？

7. 妳是否總是用「慎重，凡事不能輕易下結論」來掩飾自己的優柔寡斷？

8. 妳是否為了不冒犯某位大客戶，而有意迴避一些關鍵性的問題？

9. 妳在宣佈一些可能得罪他人的決定時，是不是總是委婉含蓄？

10. 當妳遇到自己不願做而又不得不做的事情時，是否經常讓別人替妳做？

11. 即使有很急的任務，妳是否也不會為此放下生活中的瑣碎事務？

12. 妳是否會為了逃避艱巨的任務而尋找各種藉口？

13. 妳是否總是到下班後才發現還有重要的事沒有做？

測 驗 結 果

以上各題，選A得4分，選B得3分，選C得2分，選D得1分。

50分以上

很抱歉，妳的個人素質很難使妳擔當重任。

40～49分

雖然妳有些志向，但是不算勤勉，如果能夠改變拖遝、低效的缺點，或許能夠取得一定的成績。

30～39分

妳很有自信，雖然有時也會猶豫不決，卻也是穩重和深思熟慮的表現，應該能夠成爲一個不錯的老闆。

15～29分

說明妳是一個高效率的決策者和管理者，能夠很好地處理事情和進行員工管理，是一個優秀的老闆。

妳 適合做公關工作嗎

　　要想成為一名優秀的公關人員，良好的公關能力是必不可少的，特別是一些想要從事公關工作的女性。公關人員要與各行各業的人士打交道，需要有一定的語言表達能力和處世技巧。來測測妳是否適合做公關工作。

　　1. 當妳與戀人約會時，對方很晚才到，到了之後對妳說：「不好意思，我遲到了。」妳將作何回答？

　　A．真不禮貌！你怎麼總是這麼糊里糊塗的

　　B．不必介意！不必介意

　　C．你是我喜歡的人嘛！我不會怪妳的

　　2. 在家中，父親對妳說：「妳怎麼混得這樣差，怎麼回事啊？」妳回答？

　　A．我是爸爸生的孩子，當然沒有你厲害了

　　B．對不起！我已經很努力了

　　C．我會好好努力，下次一定讓你高興

3. 在學校，當妳和同學們一起議論別人時，其中一位同學說了另一個同學的倒楣事，妳會作何反應？

A · 那傢伙真是差勁啊

B · 不會吧！我覺得沒這麼嚴重吧

C · 真可憐啊

4. 當妳在等公車時，因為人多，沒有擠上去，妳的朋友說：「等下一輛吧！」妳會怎麼回答？

A · 總是這樣，怎麼能搭得上車呢

B · 好吧，只好等等了

C · 下班時間就是這樣，真煩人

5. 在公車上，由於人多互相擁擠，有人對妳說：「不要擠！」妳回答？

A · 人多，沒辦法！請妳向前靠些吧

B · 對不起

C · 真是的，我也不想擠

測 驗 結 果

以上選擇選A得1分，選B得2分，選C得3分。

5～8分

公關能力很差。在公共場合，常常帶有強烈的攻擊性，碰到不順心的事，就會馬上發脾氣。如果不加以改善，將會嚴重影響有關群體性的工作。

9～12分

具有很強的公關意識和公關能力，遇事能夠仔細考慮他人情緒和周圍環境。即使碰到令自己討厭的事情，也能夠控制住自己的感情，努力去適應環境。當然，如果過於冷靜，則有可能讓人覺得冷漠，喪失個性，不利於自我的發展。

13～15分

能力中等，需要提高。妳會不愛表現出自己的好惡，但在行動上有些唯我獨尊，不太考慮別人的情緒，不善於理解別人的行動。因此，妳要把自己放在大環境中去考慮和看待問題，這樣才能更好地適應工作。

愛 情與事業，
哪個在妳生命中更重要

如果有一天妳獨自一人出國旅行，而且對這個國家的語言一點不懂，妳最害怕遇到什麼麻煩？

A · 丟失護照等證件

B · 錢被人偷了

C · 該國員警懷疑自己犯罪

D · 上當受騙

測 驗 結 果

選擇A

妳是一個事業心很強的女人，為此可以放棄愛情。即使擁有愛情，妳也總是喜歡享受吝於付出。不錯，一個偉大的女人背後肯定有一個偉大的男人，但是妳也不應該為此把事業和愛情分得太清楚。

選擇B

相對而言，妳的事業稍微重要一點。如果妳的男友不是感情用事的人，妳們會很幸福的。而且妳也能夠透過享受愛情來化解工作上的壓力，不過妳因爲總是把工作上的壓力帶到生活中來，很容易傷害到對方。

選擇C

選擇這個答案的女孩子認爲生命中愛情比較重要一些。有時候可能會爲了成全愛情，甘心放棄事業。但是愛情不能當飯吃，很多時候妳和愛人之間的爭吵都是因爲錢。建議妳們先保持經濟獨立，這樣或許會減輕愛情負擔。

選擇D

選擇這個答案的女孩子幾乎把愛情當作生命中的全部。這種類型的女孩子幾乎沒有事業心，可以說她們根本就不喜歡工作，因此她們就有更多的時間和精力來經營自己的愛情。但是，婚後很可能因爲經濟問題鬧得不愉快，因此建議妳在組建愛巢之前先打好經濟基礎。

是　什麼束縛了妳事業的發展

妳是某企業宣傳部的主管，因為工作的關係，經常會接受一些廣告代理商的招待，也經常會收到廣告商送的一些禮物。某天，妳收到一樣沒有署名寄件人的禮物，不過，妳心裡有數，應該是最近一直糾纏自己的兩個廣告商送的。請問在這種情況下，妳會做出什麼樣的反應？

A · 先確認送禮的人是誰，然後再委婉地回絕對方
B · 總先打開來看看。如果是自己喜歡的東西就先收下
C · 先跟上司商量，然後再做決定

測　驗　結　果

選擇A

因為受到道德觀念的束縛，妳在辦事時，有些呆板，不懂變通。如果妳想在事業上有所成就的話，就必須在各方面尋求自我突破。不要害怕自己做不好，在進行調整時，不要太急於求成，突然做出過大的轉變，反而對自己影響不好。

選擇B

貪圖小便宜心態是阻礙妳事業發展的因素。在妳的觀念裡，成功不等於自己的立場。因此，妳對工作也不會全心付出，凡事總是朝著利益的方向走，很容易導致自己立場不堅定，最後因小失大。

選擇C

影響妳事業發展的因素是妳的依賴心或逃避責任的心理。選此答案的人，在心理上不夠成熟，沒有自己的主見，做事保守，總是固執地認為只有對工作負責才能成功，缺少冒險精神，很容易束縛自己的腳步。當妳能夠勇敢地為自己的事業賭上一把時，或許會給妳帶來意外的刺激。

妳 的工作態度及格嗎

　　不管做什麼工作，工作態度尤為重要的。因為一個人如果沒有一個良好的、端正的工作態度，就很難在自己的工作崗位上做出成績，如此一來，對於妳的工作單位來說，妳是沒有任何價值的。想知道妳的工作態度及格嗎？趕快進入下面的測試吧！

1. 如果妳現在的髮型是直長髮，想改變一下，妳會？

A‧修短。前進到第4題

B‧燙捲。前進到第2題

2. 上班妳通常會選擇哪一種包？

A‧手提包。前進到第3題

B‧背包或者垮包。前進到第5題

3. 妳喜歡哪種類型的T恤衫

A‧純色。前進到第6題

B‧帶有圖案或者花型的。前進到第7題

4. 第一天上班，妳會選擇什麼顏色的外套？

A‧深藍色。前進到第5題

B‧灰色。前進到第6題

5. 一般上班時妳會選擇穿什麼樣的鞋子？

A‧平底鞋。前進到第6題

B‧高跟鞋。前進到第8題

6. 第一次領薪水，妳想買衣服犒勞自己，妳會選擇？

A‧長裙的套裝。前進到第7題

B‧短裙的套裝。前進到第9題

7. 如果選擇深藍色的套裝，妳會選擇什麼顏色的絲襪？

A‧白色。前進到第8題

B‧肉色。前進到第10題

8. 穿白色襯衫時，妳會配什麼樣的飾品？

A‧珍珠項鏈。前進到第10題

B‧別針。前進到第13題

9. 穿深藍色外套時，妳會配什麼衣服？

A‧V字領T恤。前進到第10題

B‧白色襯衫。前進到第11題

10. 一般而言，妳每個月花在服裝和化妝品上面的錢是多少？

A‧1000元以下。前進到第12題

B‧1000元以上。前進到第14題

11. 上班時妳化妝嗎？

A‧全套彩妝。前進到第12題

B‧只上淡妝。前進到第15題

12. 妳的血型是B型嗎？

A‧不是。前進到第13題

B‧是。前進到第14題

13. 妳會帶什麼飯上班？

A‧日常飯菜。前進到第15題

B‧點心和麵包。前進到第16題

14. 坐在上司面前的時候，妳通常是？

A·正襟危坐。前進到第16題

B·兩腿斜向一邊併攏。A型

15. 妳喜歡戴哪種類型的耳環？

A·大一點。前進到第16題

B·小一點。B型

16. 工作的時候，疲倦時妳通常會吃什麼？

A·糖果。C型

B·口香糖。D型

測 驗 結 果

A型

工作中，妳不喜歡與人發生任何衝突，因此妳做事情總是謹小慎微，生怕一不小心得罪人，即使遇到什麼事情，也會採取息事寧人的態度。建議妳不要怕與別人發生摩擦，只要自己正確，就要敢說敢做，這樣才能解決問題。

B型

妳是那種個性淡泊,與人無爭的女孩子。對妳而言,名利、地位都不重要,重要的是自己生活得快樂。但人在江湖身不由己,有時難免會被捲入一些是非之中,此時妳不應置身事外,要及時反擊,否則妳會受到很大傷害。

C型

工作中,妳做任何事情都特別積極,因此常常會給人一種十分強勢、企圖心強的感覺,這樣很容易招致他人的不滿。不過在上司的眼中,妳很值得信賴,因此升職機會較多。不過如果能夠搞好人際關係,則會更有前景。

D型

妳做什麼事情都會非常謹慎,按部就班,有條不紊,因此周圍的同事、朋友都非常信賴妳。與同齡的女人相比,妳比較成熟,而且小有成就,原因是在很多事情上,妳都能夠按照自己的目標去努力,能夠執著地堅持下去。

妳 是否該跳槽了

週日的下午，看了一天電視的妳突然感覺很餓，而且十分想吃煎蛋。這時，妳會選擇哪種做法？

A · 兩面都煎熟
B · 太陽蛋（一邊煎熟，一邊半熟）
C · 將雞蛋打散再煎

測 驗 結 果

選擇A

妳並不會輕易地想要離開公司。除非發生重大的事件，或是公司裡一直存在妳不滿的現象，不然妳可能是老死在公司的那種人，跳槽指數低。

其實，當一件工作很難再有所突破的時候，跳槽也未嘗不是一種明智的選擇。勸妳一句，果斷地走出去，妳會發現外面的世界很精采。

選擇B

妳很在意一家公司的氣氛和環境。

對妳而言，只要是外表光鮮亮麗的公司，不管讓妳在那兒做什麼工作，只要在那工作就會讓妳覺得很有成就感，就會衝動地想去上班。所以，妳的跳槽指數還是挺高的。

選擇C

雖然妳做事也很實在，只是工作常跟著情緒走，一旦妳決定要離開公司，不管有沒有人來挖角，或是有沒有失業的危機，妳都會選擇離開。

這個時候，妳的心態就是說走就走，堅決不在這裡多待一天。

大大的享受拓展視野的好選擇

TALENT TOOL

大拓
Talent Tool

永續圖書線上購物網
www.foreverbooks.com.tw

謝謝您購買 ___超犀利的愛情心理測驗___ 這本書！

即日起，詳細填寫本卡各欄，對折免貼郵票寄回，我們每月將抽出一百名回函讀者寄出精美禮物，並享有生日當月購書優惠！

想知道更多更即時的消息，歡迎加入"永續圖書粉絲團"

您也可以利用以下傳真或是掃描圖檔寄回本公司信箱，謝謝。

傳真電話：（02）8647-3660　　　　　　信箱：yungjiuh@ms45.hinet.net

☺ 姓名：　　　　　　　　　□男　□女　　　□單身　□已婚

☺ 生日：　　　　　　　　　□非會員　　　□已是會員

☺ E-Mail：　　　　　　　　電話：（　）

☺ 地址：

☺ 學歷：□高中及以下　□專科或大學　□研究所以上　□其他

☺ 職業：□學生　□資訊　□製造　□行銷　□服務　□金融

　　　　□傳播　□公教　□軍警　□自由　□家管　□其他

☺ 您購買此書的原因：□書名　□作者　□內容　□封面　□其他

☺ 您購買此書地點：　　　　　　　　　　　金額：

☺ 建議改進：□內容　□封面　□版面設計　□其他

　　您的建議：

新北市汐止區大同路三段一九四號九樓之一

大拓文化事業有限公司收

請沿此虛線對折免貼郵票，以膠帶黏貼後寄回，謝謝！

想知道大拓文化的文字有何種魔力嗎？

■ 請至鄰近各大書店洽詢選購。

■ 永續圖書網，24小時訂購服務
www.foreverbooks.com.tw
免費加入會員，享有優惠折扣

■ 郵政劃撥訂購：
服務專線：(02)8647-3663
郵政劃撥帳號：18669219